인성·진로 길잡이

# 꿈의 마이더스

## A Miracle of the Dream

김춘원 저

yh 유한문화사

# 책 머리에

꽃으로 피어나 낙엽으로 지는게 인생이라면 교육은 그 꽃을 잘 가꾸어 아름답게 꽃피워 모든 사람들에게 향기와 미소와 즐거움과 행복을 주는 것이어야 한다고 생각합니다.

처음 사회 생활을 하고 배움을 시작하는 초등학교 시절은 인생에 있어서 어떤 꽃으로 피어나느냐를 결정하는 아주 중요한 시기로 자신의 꿈과 인성이 형성되기 시작하는 때라 할 것입니다.

이런 중요한 시기에 자신의 꿈과 진로를 설정하고, 인성의 중요성을 인식하도록 교육현장에서 보고 느낀 것들을 모아 책으로 만들었습니다.

40여년동안 교육현장에서 언제나 고민하였던 것은 착한 인성을 가진 사람이 거친 세상에서 과연 성공할 수 있을까? 하는 의문과 공부를 잘하는 아이들이 그들의 능력만큼 사회에 나가 성공하고 꿈을 이루느냐 하는 것 이었습니다. 거기서 나름대로 느낀 것이 착한 인성을 가진 공부 잘하는 사람이 성공 할 가능성이 크다는 사실 이었습니다. 그 성공의 기저에는 뛰어난 스승과 친구, 보이지 않는 부모의 힘 등 외적이 요소가 꿈을 이루고 성공하는데 많이 작용하고 있었습니다.

교육은 바람직한 인간을 만들어 개인생활 · 가정생활 · 사회생활에서 보다 행복하고 가치 있는 나날을 보내게 하며 나아가 사회발전을 꾀하도록 하고 있습디다. 따라서 인간이란 생명체가 본래부터 가지고 있는 선천적인 힘으로, 환경을 통해 이러한 자발적·창조적 가능성이 드러나고 개발되어 자기발전을 도모하는 것과, 후천적으로 성숙자인 양친·교사·선배 등이 이미 계획된 목표와 방향에 따라 미성숙자들을 이끌며 어떤 목표나 방향의 가능성에 도움을 주는 힘으로 작용합니다.

이 두 가지의 힘, 즉 안으로부터의 힘(自力)과 밖으로부터의 힘(他力)이 서로 작용함으로써 꿈은 이루어집니다.

그러므로 누구나 꿈을 이루고 행복한 날을 보내기 위해서는 두 힘을 조화롭게 균형을 이루는 교육을 해야 합니다.

아울러 조금은 더디 가더라도 이런한 교육은 인성중심의 교육이 되어야 할 것입니다.

본 책자가 학교현장에 적용되어 꿈을 향해 나아가는 학생과 교사, 그리고 학부모 모두에게 행복한 교육을 만들어 가는 밑거름의 역할을 할 수 있기를 기원합니다.

책자가 나오도록 출판을 허락하여 주신 유한문화사의 천승배 사장님과 무더위와 바쁜 시간 속에서도 여러번 교정을 보아주고 조언과 격려를 해준 형님과 정영찬 선생님, 원동만 교감선생님과 친구 최병님 교장선생님, 그리고 언제나 말없이 충고와 질책을 해준 고마운 아내 김동연과 사랑스런 딸 연지와 사위 성용 아들 상헌에게도 고마운 마음을 전합니다.

2017년 11월

김 춘 원

# 차　　례

# 제 1 장 꿈을 가진 사람이 아름답다.

목표를 달성하는 방법에 대해 비결이라고
할 만한 것 하나를 소개하면
그것은 집중하는 것이다.
목표를 달성하는 사람들은
중요한 것부터 먼저 하고
한 번에 한 가지 일만 수행한다.

- 피터 드러커 -

## 1. 꿈의 찬가

꿈을 날짜와 함께 적어 놓으면 그것은 목표가 되고,
목표를 잘게 나누면 그것은 계획이 되며,
그 계획을 실행에 옮기면 꿈은 실현되는 것이다.
-그래그 S. 레인-

꿈은 아름답습니다.
꿈을 가진 사람은 더 아름답습니다.
꿈을 이루고 성공한 사람은 더욱 아름답습니다.
성공은 당신에게 '오는' 것이 아니라 당신이 성공을 향해 '가는' 것입니다.
아름다운 삶을 꽃피우고 꿈을 이룬 사람들은 한결같이 자신이 처한 숱한 역경 속에서도 원대한 꿈을 가졌습니다.

지금 공부를 잘 하는 사람보다
공부를 더 잘 할 수 있다는
꿈을 가진 사람이 더 아름답습니다.
지금 공부를 더 잘 할 수 있다는 꿈을 가진 사람보다 그 꿈을 위하여 책을 보고 배운 것을 예습, 복습하는 사람이 더 아름답습니다.
지금 노래를 잘 부르지 못하지만
노래를 잘 할 수 있다는
꿈을 가진 사람이 더 아름답습니다.
지금 노래를 잘 할 수 있다는

꿈을 가진 사람보다
노래를 잘 부르기 위해 못
부르는 노래지만 노래를 부르며
노력하는 사람이 더 아름답습니다.
꿈이 있는 사람은 아름답습니다.
글을 잘 쓰는 작가보다
글을 잘 쓸 수 있다는
꿈을 안고 사는 사람이 더 아름답습니다.
글을 잘 쓸 수 있다는 꿈을 안고 사는 사람보다
그 꿈을 이루기 위해 한 줄의 글이라도 글을
쓰며 노력하는 사람이 더욱 아름답습니다.

돈을 많이 가진 사람보다 돈을 많이 벌 수
있다는 꿈을 가진 사람이 더 행복합니다.
돈을 많이 벌 수 있다는 꿈을 가진 사람보다
돈을 더 많이 벌기 위하여
노력하는 사람이 더욱 행복합니다.
꿈은 인간의 생각을 평범한 것들 위로
끌어 올려주는 날개입니다.
노력은 그 꿈을 현실로 나타나게 하는
요술 지팡이입니다.
내일에 대한 꿈이 있으면
오늘의 좌절과 절망은
아무런 문제가 되지 않습니다.

꿈을 가진 사람이 아름다운 것은
자신의 삶을 긍정적으로 바라보고
매사에 열심히 노력하는 모습이
아름답기 때문입니다.
인생의 비극은 꿈을 실현하지 못하는 것에
있는 것이 아니라 실현하고자 하는
꿈이 없다는 데 있습니다.
꿈이 없는 사람은 눈이 있어도 앞을 보지 못하고, 귀가 있어도 아름다운 노래를 듣지 못하고, 입이 있어도 맛있는 음식을 먹지 못하는 사람과 같습니다.

자신의 꿈을 이루는 성공을 가로막는 가장 큰 장애물은 주변의 다른 사람도, 뜻하지 않은 어떤 고난도 아니고 바로 자기 자신입니다.

꿈을 이루는데 꼭 필요한 일을 계속하지 못하게 가로막는 유일한 장애물은 자신의 게으름과 자기 자신에 대한 불신입니다.
스스로 노력하지 않고 행동을 멈추는 순간,
정말 패배자가 됩니다.
성공한 사람들은 대부분 중요하다고 생각하면
끝까지 쉬지 않고 노력합니다.
결국에는 이루어낼 것이라는
믿음이 있기 때문입니다.

여러분은 초등학교 시절부터 아름다운 꿈을
가지고 그것을 이루기 위하여 노력하십시오.
집이 가난하고 머리가 나쁘고
체력이 남들보다 못하다는 절망과 고독이
자신을 에워쌀지라도
원대한 꿈을 꾸고 그것을 이루기 위하여
자신의 약점을 보완하기위한 노력을 하면서
끝까지 포기하지 않고 노력한다면
인생은 아름답고
당신의 꿈은 반드시 이루어 질 것입니다.

꿈은 막연한 바람이 아니라
자신의 타고난 끼와 소질을 살려
무한한 노력 속에 담아
그 끼와 소질을 아름다운 그릇으로
만드는 일입니다.
노력은 자신의 원대한 꿈을
현실에 열매 맺게 하는 자양분입니다.
성공에 이르는 길은 복잡하고
생각보다 멀리 있습니다.
그러나 지금 이 순간부터 자신의 삶을
원대한 꿈과 희망으로 넘쳐나게 하십시오.
그리고 그 꿈을 이루도록 노력하면서
끝까지 밀고 나가십시오.

세상은 원대한 꿈을 가진 사람들을
필요로 합니다.
꿈은 늘 좋은 친구를 만들어줍니다.
친구도, 가족도, 사랑하는 이도 원대한 꿈을
가진 사람을 원합니다.
자신의 소중하고 아름다운 꿈을
잘 가꾸고 사랑하십시오.
그리고 매일 그 꿈을 어떻게 이룰지
상상하십시오.
그리고 그 상상을 현실로 만들도록
생각하고 노력하십시오
그러면 언젠가는 그 꿈이 현실로 나타납니다.

꿈을 이루고 성공한 사람들은
다른 사람들을 가르치는 데도 적극적입니다.
다른 사람들이 배우고 성장할 수 있게
도와주면 언젠가 그들의 도움을
받게 될 것이기 때문입니다.
혼자의 힘만으로 성공하는 사람은 없습니다.
남들의 도움을 받을 수 있도록 남들에게
많은 도움을 주십시오.
성공의 비결은 돈도 아니고 머리도 아닙니다.
성공의 비결은 꿈을 이룰 수 있다는 자신감과
피나는 노력에 달려 있습니다.

성공을 하려면 반드시 갖춰야 할 것이 있습니다. 충분히 준비하고, 경험을 쌓고, 노력하고, 꿈을 이루기가 절망적일 때도 결코 포기하지 않는 끈질긴 근성과 자신감입니다.
아무리 노력하여도 꿈을 이루기가
절망적이라고 느껴질 때
아주 편안한 마음으로 눈을 들어
푸른 하늘을 바라보십시오.
하늘은 저렇게 넓고 푸른데
괜한 일로 움츠렸구나!
어깨를 펴면서 또 다시 자신감을 갖고
꿈을 이루기 위해 노력합시다.

성공이란 꼭 눈에 보이고, 남들이 인정해주는 일만이 아닙니다. 성공의 하나는 꿈을 이루기 위해 노력하는 아름다운 모습입니다.
꿈을 날짜와 함께 적어 놓으면
그것은 목표가 되고,
목표를 잘게 나누면 그것은 계획이 되며,
그 계획을 실행에 옮기면
꿈은 실현되는 것 입니다.
사소한 일이라도 그날의 계획을
실천해 나가는 것이 중요합니다.
작은 성공이 모여 큰 성공을 이룹니다.

충분히 준비하고 노력하면서, 어떤 장애가 있더라도 중도에서 포기하지 않는다면
여러분의 꿈은 반드시 이루어 질 것입니다.
여러분의 소중한 꿈이 이루어지기를
간절히 기원합니다.
자신의 오늘 모습은 지금까지
자기 스스로 노력하고 선택한 결과입니다.
당신이 지금까지 해오고 있던 일만 계속한다면, 당신은 얻었던 것만 계속 얻을 것입니다.
그런데 결과가 마음에 들지 않는다면
수단과 방법을 바꾸어 보십시오.
그러면 새로운 세계가 보이고
더 많은 것을 얻을 수 있을 것입니다.

암울한 시대에 조국의 문지기를 자청했던 김구 선생도 대한민국의 독립을 꿈꾸었습니다.
나약하기만 했던 간디도
인도 독립의 꿈을 버리지 않았습니다.
두 귀가 멀어 절망의 늪에서도
베토벤은 위대한 교향곡을 꿈꾸었습니다.
그리고 그들은 그 꿈을 이루었습니다.
꿈을 가지고 그것을 포기하지 않고
끝까지 노력하여
자신의 꿈을 마침내 이루고야마는
꿈을 이루어 성공한 사람이 더 아름답습니다.

## 2. 어린 시절의 천재성과 성공의 관계

초등학교시절은 무한히 상상하고 꿈을 꾸고
꿈을 이루는 기초를 다지는 시기이다. -저자-

사람의 삶은 장거리 여행과 같다.
막연하지만 어느 누구나 무한히 상상하고 꿈을 꾸고, 그 꿈을 이루는 성공이라는 목적지를 향해 스스로 나아가는 여행이다. 목적지도 없이 그저 막연히 자연의 흐름에 따라 사는 사람이 있는가 하면, 목적지를 정해놓고 거기에 남보다 빨리 도착하기 위하여 밤낮으로 노력하는 사람도 있다. 그 목적지를 향해 가는 여행길은 부모와 친구와 스승이라는 동행자가 있지만 마지막 목적지에 도달하는 것은 자기 자신뿐으로 어느 누구도 나의 성공이라는 목적지에 나를 데려다 놓지 못한다.

꿈을 실현하여 위대한 업적을 이룬 사람들은 꿈을 이루려는 분명한 목적을 가지고, 불굴의 의지로 지칠 줄 모르는 노력을 한 사람들이다.
꿈을 꾸고, 꿈을 이루는 성공이라는 목적지에 가까이 가려면 어떻게 해야 할까?
우리가 기나긴 여행을 떠난다고 생각하고, 그 여행을 위하여 우리는 무엇을 먼저 준비해야 할까? 장거리 여행에 있어서 나와 같이 가는 동행자가 있다는 것은 내가 여행을 성공 할 가능성이 아주 크다는 것을 의미한다.

여행을 같이 준비하면 준비하는데 시간도 적게 들고 더 빨리, 더 쉽게 목적지에 도착할 수 있다. 나와 같이 여행하는 동행자가 나보다 체력과 능력이 뛰어나다면 여행에 성공 할 가능성은 더욱 높을 것이다.

여행을 가는데 같이 가는 동반자들을 잘 활용하는 것이 생각해보면 성공의 비결일지도 모른다.

어린 시절의 천재성은 어른이 된 후의 성공을 보장하지는 않는다. 성공은 좋은 동반자들의 도움도 필요하지만 그들과 더불어 자기 자신이 스스로 만들어 나가는 무서운 집중력과 반복적 학습의 산물이다.

우리는 성공에 대한 잘못된 신화에 얽매여 있다. 그것은 바로 어린 시절 가장 똑똑하고 영리한 사람이 성공하고 정상에 오른다는 잘못된 신화이다.

제1차 세계대전이 막 끝났을 무렵 미국 스탠퍼드 대학의 젊은 심리학자 루이스 터먼(Lewis Terman)은 코엘(Henry Cowell)이라는 소년을 만났다. 가난과 혼란 속에서 자라난 코웰은 일곱 살 이후로 학교에 가본 적이 없었다. 코웰의 아버지는 스탠퍼드 대학에서 멀지 않은 곳에 위치한 학교 건물의 관리인으로 일했는데, 코웰은 아버지를 따라 학교에 가서 주로 놀았다. 하지만 그는 그곳에서 놀면서 학교 수업내용을 훔쳐보고, 학교 피아노를 몰래 연주하며, 허기진 지식을 조금이나마 채웠다.

전 세계에서 사용하고 있는 표준형 아이큐 검사를 만든 터먼은 코웰의 IQ를 측정해보기로 했다. 소년의 IQ는 140이 넘었고 가히 천재 수준이었다. 터먼은 충격을 받았다.

1921년 터먼은 이런 재능 있는 아이들에 대한 연구를 필생의 과제로 삼기로 하고 이들은 찾아내 연구하기 시작했다.

영연방재단의 막대한 지원을 바탕으로 연구를 시작한 그는 캘리포니아 초등학교에 현장 조사반을 파견하여 각 학급의 교사에게 가장 영리하고 똑똑한 아이가 누구인지 물어 그 아이들의 지능검사를 실시하였다. 상위 10%안에 속하는 아이들은 두 번째 지능검사를 받았고, 이때 IQ 130을 넘긴 아이들은 세 번째 지능검사를 받았다.

터먼은 초등학교와 중등학교 학생 25만명을 검사해 IQ가 평균적으로 140이 넘고 200에 이르는 학생 1,470명의 학생을 추려냈다.

'터마이트(Termites)'로 불린 이 어린 천재 집단은 역사상 가장 유명해질 심리학 실험의 대상이 되었다.

일생동안 터먼은 이들을 그들의 부모보다 더 애착을 가지고 지켜보며 평가, 분석, 추적하였다.

그들의 교육성과, 결혼, 질병, 정신건강, 직업 변화, 승진 등이 모두 엄격하게 기록되었다.

"정신적인 요소를 제외한다면 개인의 성공에 지능만큼 중요한 것은 없다"라고 말했던 터먼은 높은 지능지수를 가진 사람들에게 대하여 강한 믿음을 보였다.

터먼은 그들이 성장함에 따라 그들의 성장 과정과 성취를 연대기처럼 기술 했다.

터먼은 그들이 미국사회의 엘리트가 될 운명임을 의심치 않았다.

터먼의 발상은 오늘날 우리가 생각하는 '성공'의 핵심을 이루고 있으며, 사회 각 분야에서도 시험이라는 제도로 사람을 평가하고 선발하고 있는 제도의 근본이 되어 있다.

그러나 터먼이 강한 믿음을 가진 "개인의 성공에 지능만큼 중요한 것은 없다"라는 것은 터먼의 실수였다. 그는 지능의 척도로 볼 때 1% 중의 1%로 제련된 정예라는 사실에 매료된 나머지, 그 재능이라는 것이 얼마나 사소한 것인지 깨닫지 못했다.

그 천재집단이 성인이 되었을 때 일부는 책을 출판하거나 논문을 썼으며 비즈니스에 뛰어들었다. 다수가 공무원이 되었고, 대법관 두 명, 지방법원 판사 두 명, 캘리포니아 주의원 한 명, 그리고 걸출한 주 관리 한 명이 나왔다.

그러나 그들 중에서 전국적으로 이름을 떨친 사람은 극소수에 불과 했다. 다수가 그저 평범하다고 볼 수 밖에 없는 직업에 종사했으며 놀랄만큼 많은 사람이, 심지어 터먼이 실패로 보는 수준에서 경력을 마무리 지었다.

그가 철저히 골라낸 천재 집단에서는 단 한 명의 노벨상 수상자도 나오지 않았다.

사회학자 피티림 소로킨(Ptirim Sorokin)은 터먼이 IQ를 고려하지 않은 채 무작위로 선정한 아이들을 대상으로 같은 실험을 했더라도 그가 심혈을 기울여 선별한 천재집단과 별다른 차이가 발생하지 않았을 것이라고 주장한다.

소로킨은 “아무리 애써서 어떠한 기준을 적용해도 ‘어린 천재집단’은 결국 다른 집단과 차이가 없고 뛰어나지도 않다”고 결론을 내렸다.
터먼은 천재유전학 4권을 낼 때, 실망을 넘어서는 어조로 착잡함을 드러냈다.

“실제로 천재들은 천재로 남아 있지 않았다. 우리가 본 것처럼 지능과 개인의 성공 즉 성취도 사이에는 어떠한 상관관계도 없었다.”
그러나 인생이라는 장거리 여행에서 지능이 뛰어난 사람이 그렇지 않은 사람에 비하여 성공할 가능성은 여전히 높고 많다.

그렇다고 초등학교시절 머리가 좋다고 자만하지 말고, 조금 공부를 못한다고 낙담하지 말라. 성공은 머리가 좋다는 것만으로 이루어지지 않는다. 결국 터먼은 “성공의 조건은 지능이 아니라 성격과 인격, 품성, 기회, 포착능력이 좌우 한다”는 결론을 내렸다.

## 3. 꿈이란 무엇인가?

꿈은 우리가 원하는 것을 충실하게 해석해 놓은 것이다.
하지만 우리에게 꿈을 이해하고 분류하는 기술이 필요하다.
-몽테뉴

꿈이라는 말을 들으면 제일 먼저 어떤 것이 떠오르는가?

무엇이 되고자 하는 욕구, 열망, 갈망, 목적, 일, 노력, 사명, 소명 같은 단어들이 머리에 떠오를 것이다.

꿈에 대하여 사전의 정의를 보면 "잠자는 동안에 깨어 있을 때와 마찬가지로 여러 가지 사물을 보고 듣는 정신 현상", "실현하고 싶은 희망이나 이상 또는 실현될 가능성이 아주 적거나 전혀 없는 헛된 기대나 생각"을 꿈이라고 정의하고 있다.

즉, 우리가 말하는 꿈이란 "실현하고 싶은 희망이나 이상 또는 실현될 가능성이 아주 적거나 전혀 없는 헛된 기대나 생각"을 말하는데 우리 인류는 하늘을 날고자 하는 꿈을 가지고 하늘을 날았고, 물고기처럼 물속을 마음대로 헤엄치고자 하는 꿈을 가지고 잠수함을 만들었다.

꿈이란 실현 할 수 없지만 그 가능성은 무한한 우리가 희망하는 것, 소망하는 것, 갈망하는 그 무엇을 말한다.

현재가 두려움과 스트레스로 점철되어 있더라도 꿈은 밝은 미래를 이야기 할 수 있다.

꿈이란 조금 멀리 떨어져 있는 목표보다 뚜렷하지 않고, 정의 내리기 어려우며, 실제의 삶보다 더 큰 것을 의미한다. 어떤 경우에는 환상이나 몽상이 꿈일 수 있고, 결코 실현 될 수 없는 희망을 의미 할 수도 있다.

하지만 꿈은 환상보다 실현 가능성이 높으며, 목표보다 더 포괄적이지만 성취 될 수 있는 것을 말한다.

우리는 의도적으로 목표나 희망이라는 말보다 꿈이라는 말을 사용하는데, 꿈은 당신이 어떤 사람이며 어떤 일을 할 것인지에 대한 비젼을 말해주기 때문에 꿈은 목표나 소망보다 더 넓게 사용되며, 상상력과 창의력을 포용한다는 점에서 우리는 꿈이라는 단어를 선호한다. 꿈은 현실이고 환상이 아니다.

꿈이 비현실적이라는 생각은 당신이 꿈을 구체화하고, 꿈의 가능성을 인정하고, 그 꿈을 이루기 위하여 목표와 계획을 세우고, 노력하기 시작하면 사라질 것이다.

당신은 자신과 이런 대화를 나눌지도 모른다. "꿈을 꾼다는 것은 나에게는 무의미하고 어색한 일이야. 누군가 나에게 꿈이 무엇이냐고 물으면 나는 딱히 할 말이 없어. 억지로 대답해야 한다면 그냥 즉흥적으로 만들어 낼 수밖에 없을 거야".

당신은 정말로 자신이 아무런 꿈도 가지고 있지 않다고 믿을지도 모른다. 하지만 꿈이 없는 사람은 없다. 꿈은 당신 안에 숨어서 당신이 발견해 주기를 기다리고 있을 뿐이다.

자신의 삶이 무엇을 원하는지, 인생의 목적, 평생 동안 추구 할 것, 사명, 당신이 좋아하는 것을 하고 거기서 뭔가 보람을 찾는 일 등에 대하여 생각해 보고 거기서 당신의 꿈을 발견해 보면 어떨까?

꿈을 갖는 순간부터 우리의 공부가 시작된다. 꿈을 이루는 것을 우리는 성공이라고 하는데 성공이란 당신이 정말 좋아하는 것을 하는 동시에 그로 인해 행복해지는 것이다.

## 4. 나는 어떤 꿈을 가질까?

상상은 꿈이 되고 꿈은 현실이 된다.-저자-

꿈이란 "실현하고 싶은 희망이나 이상 또는 기대나 생각"을 말하는데 초등학교 시절에는 반드시 꿈을 가져야 한다.

초등학교 시절부터 꿈을 가지고 그 꿈을 이루기 위해 노력한 사람들이 더 많은 꿈을 이루었고, 아예 꿈이 없는 사람들은 대부분 꿈을 이루지 못했다. 우리는 많은 것을 상상한다. 상상을 자주 하다보면 그것은 나의 꿈이 되고, 그 꿈은 현실이 되어 내 앞에 나타난다.

꿈이란 목표보다 더 클 뿐만 아니라, 환상보다 성취가능성이 높다. 꿈은 작은 것에서부터 넓고 큰 것까지 그 범위가 넓다. 꿈은 "난 무엇이 될 거야" "난 그것을 하고 싶어" "난 그것을 이룰 거야" 등 다양하게 표현 할 수 있다.

꿈은 처음 무엇이 될 것인지 부터 시작해야 한다. 책을 통해서 보았던 것이나 부모님이나 친구에게 듣거나 선생님에게 배웠던, 내가 장차 되고자 하는 영웅이나 위인들의 모습을 마음에 새기고 그 위인들처럼 행동하고 노력하는 가운데 나의 마음속에 꿈이 자리를 잡아야 한다.

그 다음 내가 장차 어른이 되었을 때 나는 무엇이 되어 이 나라와 사회를 위하여 일해야 할 것인지 생각해야 한다.

그리고 내가 제일 좋아하고 잘하는 것은 무엇인지 알아야 한다. 나는 남보다 무엇을 잘하고, 그것을 하면서 더 많은 기쁨을 느끼는지, 매일 그 일을 하는 것이 얼마나 기쁘고 즐거운지 그 일을 하는 것이 어떤 흥분에 휩싸이게 하는지 그런 것을 꿈으로 만들어야 한다.

꿈은 의미가 있어야 하며, 당신의 미래를 위한 길을 알려 주어야 하며, 삶에서 중요한 위치를 차지해야 한다. 또한 현실적이어야 하며, 실현 가능성이 있고, 즐거움을 주어야 하며, 성취감과 만족감을 동반하는 것이어야 한다.

꿈은 궁극적으로는 가슴을 벅차오르게 하고, 앞으로 무슨 일이 벌어질지 모르지만 무작정 멋진 삶이 펼쳐 질 것이라는 믿음이 드는 것이어야 한다.

우리가 살아가는데 꿈이 필요한 이유는 삶의 목적과 방향, 의미를 부여해주고, 희망으로 자신을 감싸주고, 기쁨의 원천이 되며, 미래를 스스로 주도할 수 있는 느낌을 갖게 해주기 때문이다.

인간은 지적 장애인이 아닌 한 내면 깊은 곳

에 특별한 재능을 가지고 태어난다.

그리고 이 특별한 재능은 누구나 자신의 마음속에 잠자고 있다.

우리는 누구나 깨워주기를 기다리는 어떤 재능과 자질, 자신만의 천재성을 가지고 있다.

음악이나 미술 같은 것 일 수도 있고, 운동일 수도 있고 남다른 특기로 우리가 좋아하는 특별한 것과 관련된 것 일 수도 있다.

어떤 것을 팔거나 고치는 일, 또는 장사나 사업이나 직장에서 능력을 발휘해 더 크게 확장하는 재능을 타고 낳을지도 모른다.

우리는 사람마다 개성 있게 태어나고 창조되었다. 각자 자신의 인생을 충분히 경험 할 기회를 동등하게 얻었다고 믿는다.

사람에게는 누구에게나 아직 개발되지 않은 능력이나 재능이 잠재되어 있다. 그러한 능력을 발견하고, 탐구함으로써 자신에게 진실 할 수 있다. 그런 기회를 갖기 위해서는 자신의 꿈을 찾을 필요가 있다. 모든 사람의 마음속에는 보이지 않는 꿈이 자리하고 있다. 그 꿈을 여러분은 찾고 그것을 이루기 위하여 부단히 노력해야 한다. 나의 상상은 꿈이 되고 그 꿈이 현실이 되어 내 앞에 나타난다.

꿈을 이룬다는 것은 가슴 벅찬 일이다.

# 제 2 장

## 꿈을 이룬 사람들 …!!!

성공의 가능성이 거의 없다고
여겨지는 일일지라도
훈련을 게을리 하지 말고
계속하여 노력하라.
반복적인 노력과 훈련이 만드는
습관의 반석 위에
성공한 당신의 모습을 상상해보라.
잘 하고 싶은 일을 습관으로 만든 당신
반드시 성공할 수 있다.
모든 일은 연습이 9할이다.
- 저 자-

## 1. 독서는 꿈을 이루는 지름길

만 권의 책을 읽는 것은 만 명의
뛰어난 스승을 만난 것과 같다. -저자-

모든 성공한 사람들에게 하나의 공통점이 있다면 그것은 그들이 수많은 독서를 하였고, 독서광이라는 것이다.

사람의 삶은 유한하다. 사람은 살면서 경험을 통하여 지식과 지혜를 얻는다. 그러나 인간에게 주어진 24시간은 누구에게나 공평하다.

머리가 좋다고 하여 더 많은 시간을 가질 수 없고, 머리가 나쁘다고 하여 더 적은 시간을 주는 것은 아니다. 따라서 지식을 얻고, 지혜를 기르기 위해서는 독서를 하여야 한다.

독서를 하는 것은 한 사람의 경험을 간접적으로 하는 것이다. 경험하지 않은 사람과 경험한 사람의 차이는 배운 사람과 배우지 못한 사람의 차이보다도 더 크다.

성공하기 위해서는 반드시 독서를 하여야 한다. 독서는 나의 스승이고 나의 지식과 지혜의 원천이 되기 때문이다.

어려서 독서하는 습관을 가지는 것은 성공을 반쯤은 보장받은 것이나 다름없다.

독서는 사람의 타고난 기질과 성품을 변화시킬 뿐만 아니라 정신과 지혜까지 닦고 기를 수 있도록 해 준다. 이것은 이치와 뜻이 사람의 마음을 한 가지로 모아주기 때문이다.

위진남북조 시대의 학자인 안지추는 "1천만 냥의 재물을 쌓는 일이 한 가지 작은 기술이나 재주를 몸에 지니는 것만 못하다. 그 한 가지 작은 기술이나 재주 가운데 쉽게 익힐 수 있고 또한 가장 귀중한 것으로 독서만한 것이 없다.

그런데 세상에는 현명하거나 어리석은 사람을 가리지 않고 모두 많은 지식과 뛰어난 안목을 갖기를 바라면서도 정작 독서를 하려고 하지는 않는다.

이것은 배고픈 사람이 밥을 짓지 않으면서 배부르기를 바라는 것이나 추위에 떨고 있는 사람이 옷을 짓지 않으면서 따뜻하기를 바라는 것과 같다."고 말했다.

또한 "독서는 비록 크게 성취한 것이 없다고 해도, 도리어 한 가지 기술이나 재주는 될 수 있으므로 스스로 살아갈 수 있는 바탕이 되어 준다.

부모형제에게 항상 의지할 수는 없는 노릇

이고, 고향과 나라도 언제까지 자신을 보호해 주지는 않는다. 일단 정처 없이 떠도는 신세가 되면 아무도 나를 도와주지 않는다. 그러므로 마땅히 자기 자신이 살아나갈 방도를 찾아야 한다."고 했다.

독서를 통해 여러분도 성공할 수 있습니다.

사람은 효과가 즉시 나타나는 것에는 열심히 노력합니다. 그러나 자신이 투자한 시간에 비해 효과가 늦게 나타는 것은 꾸준히 실천하지 못합니다.

대부분 모든 사람의 행동이나 습관이 그러합니다. 그러나 이를 극복하고 삶에서 중요한 것을 꾸준히 해가는 사람은 반드시 성공합니다.

독서는 그 효과가 늦게 나타나지만 우리에게 살아가는데 지혜를 선물합니다.

자신의 꿈과 목표를 이루고 싶으신가요?
그렇다면 단순히 취미생활을 넘어서 전략적인 독서가 필요합니다.

제가 추천 드리는 방법은 "집중 독서"입니다.

자신의 목표 또는 꿈이 있다면 그 분야의 책을 집중적으로 몰입해서 독서하는 방법입니다. 한번만 읽지 마시고, 두·세 번 반복해서 읽어 보세요

비록 짧은 시간이지만 그렇게 했을 때 당신은 이미 꿈과 목표에 가까이 와 있을 것입니다.

꿈을 이루고 성공하고 싶으신가요?

그렇다면 독서를 하세요.

독서를 통해 느낀 것, 배운 것을 머리에만 담아두지 말고, 당신의 삶에서 실천 하세요.

삶에서 실천을 꾸준히 해나갈 때 1년 후는 지금보다 훨씬 가치 있는 사람이 되어 있을 것입니다. 그리고 3년 뒤, 5년 뒤, 10년 뒤에는 다른 사람들이 모두 인정하는 가치 있는 사람이 되어 있을 것입니다.

독서는 바로 꿈을 이루는 성공의 지름길입니다. 독서를 많이 한 천재들의 공통점은 보이지 않는 것의 중요성을 알았다는 점입니다.

우리는 보이는 것(sight)에 주목합니다.

그러나 천재들은 보이지 않는 것(insight)에 더 주목합니다.

통찰력을 의미하는 "insight"는 "sight"에 "in"이라는 접두어가 붙어 있습니다.

정리하면 통찰력이란 보이는 것보다 더 깊은 곳에 있는 것을 보는 것입니다.

독서를 많이 한 사람들의 사고방식은 '진리를 탐구하는 것'입니다.

이러한 사고방식은 군중의 사고와는 반대됩니다. 왜냐하면 진리는 보이지 않는 것인데 군중은 보이는 것만 믿기 때문입니다. 그래서 부자들은 입을 모아 말합니다. "돈은 이상하게도 군중이 가지 않는 곳에 산더미처럼 쌓여 있다."고 말합니다.

뛰어난 사람들은 많은 고전을 읽습니다. 단순히 자기 자신만의 만족을 위해서가 아니라 고전의 책속에서 지혜를 찾고자 합니다.

그렇기에 다른 사람이 보지 못 하는, 눈에 보이지 않는 영역을 보는 통찰력(insight)을 가질 수 있습니다.

자신의 평범함을 인정하고 인문고전 독서에 정진했을 때, 평범해 보이는 사람도 지혜로워질 수 있습니다.

고전을 반복하여 독서하고, 끊임없이 사색하는 과정을 통해 인간 내면의 지혜를 깨워야 합니다.

지혜는 인간의 내면에 있습니다. 독서는 내면의 지혜를 가리키는 진리입니다. 내면의 지혜를 가리키는 독서라는 진리를 통해 우리는 우리 안에 잠재되어 있는 지혜를 끌어낼 수 있습니다. 평범한 사람도 독서를 하면 바뀔 수 있습니다.

독서는 뛰어난 스승을 만나는 것이고 그 스승과 함께하는 것입니다.

### × 한글을 만든 세종대왕

세종대왕의 이름은 도(祹), 자는 원정(元正)이고, 시호는 장헌[莊憲, 정식 명칭은 세종장헌영문예무인성명효대왕(世宗莊憲英文睿武仁聖明孝大王)]이다.

태종과 원경왕후 민씨의 셋째 아들로, 비는 청천부원군 심온의 딸 소헌왕후이다.

1408년(태종 8) 충녕군에 봉해졌고, 1413년(태종 13)에 대군이 되었다.

1418년(태종 18)에 왕세자에 책봉되어 같은 해 8월에 22세의 나이로 태종으로부터 왕위를 양위 받아 즉위하였다. 양위 이후 태종은 4년간 상왕으로 생존하며 어려운 일에 영향력을 행사하였다.

세종은 어린 시절부터 엄청난 책을 읽었던 호학의 군주이다. 세종의 독서는 유학의 경전에 그치지 않았다. 역사•법학•천문•음악•의학 등 다방면에서 전문가 이상의 지식을 쌓았다.

본인 스스로 경서는 모두 100번씩 읽었고, 딱 한 가지 책만 30번을 읽었으며, 경서 외에 역사서와 기타 다른 책들도 꼭 30번씩 읽었다고 했다.

조선왕조실록에 전하는 말에 의하면 세종은 "몹시 추울 때나 더울 때에도 밤새 글을 읽어, 태종은 그 아이가 병이 날까 두려워 항상 밤에 글 읽는 것을 금하였다. 그런데도 나의 큰 책은 모두 청하여 가져갔다."고 말하였다.

어린 시절 몸이 아파도 책을 읽어서 그의 아버지 태종이 모든 책을 빼앗아 감추게 했다. 그런데 병풍 뒤에 '구소수간'이란 책이 하나 떨어져 있었는데 그 책은 1000번이나 읽었다.

그 책은 중국 송나라 구양수와 소동파가 주고받은 편지를 모은 책이었다. 그런데 구양수와 소동파는 고려에 좋은 책이 가는 것을 싫어하고 경계한 인물이었는데 뜻하지 않게 그 책을 세종이 그렇게 많이 읽게 된 것도 남다른 일이다.

세종이 그렇게 많은 책을 읽고 많은 것을 생각했으니 그 바탕에서 좋은 일을 많이 할 수 있었다는 생각이 든다. 그는 임금이 된 뒤에도 많은 책을 읽었고, 그 바탕에서 백성을 잘 이끌고 나라를 잘 다스렸다. 책을 많이 읽어서 똑똑해지고 싶은 세종의 꿈과 버릇은 오늘날 모두 본받을 일이다.

세종은 단순히 책을 많이 읽기만 한 것이 아니라 그 내용들을 정리하고 비교하는 능력까지 갖추었다. 사실 세종은 그저 경전의 문구나 외워 잘난 척하는 것을 경계했다. 그 내용과 이치를 이해하고 이를 토대로 더 깊은 생각을 하라고 학자들에게 주문하고는 했다.

세종 2년(1420) 집현전을 확충, 궁중에 설치하여 학자를 키우고, 학문을 숭상하며, 옛 제도를 연구 검토하게 함으로써 정치와 문물제도를 정리하여 행정체제를 확립하였다. 역사, 지리, 정치, 경제, 천문, 도덕, 예의, 문자, 운학, 문학, 종교, 군사, 농사, 의약, 음악 등에 관한 각종 저서를 하게 함으로써 문화생활에 막중한 지침서가 되게 하였다.

한편 주자소를 설치하여 새 활자를 만들고 판짜기를 개량하여 인쇄 능률을 올렸는바, 새로 주조한 활자는 동활자인 경자자, 갑인자와 납 활자인 병진자와 효시의 한글 활자가 그것이며, 이 중 갑인자와 한글 활자는 아름답기로 유명한 활자들이다.

세종 15년(1433) 천체 측각기인 혼천의와 간의, 물시계인 자격루를 만들고, 세종 16년(1434) 해시계인 앙부일구를 발명하고, 세종 23년(1441) 강우량 측정기인 측우기와 하천수를 재는 수표를 발명하였으며, 천문, 역서인 《칠정산 내외편》 과 《제가역상집》 을 펴냈다.

그 중 측우기의 발명은 이탈리아 사람 베네데토 카스텔리(Benedeto Gastelli)의 측우기(1639)보다 거의 200년 앞선 세계 최초의 것이다.

화전과 화포를 개량하여 우리나라 무기사상 일대 혁신을 가져왔다. 도량형의 고정 실시로 물량거래의 공정을 기하고, 경제적인 정책을 비롯한 여러 가지 정책상의 제도를 마련하는 기준에 공헌하였다.

《농사직설》 을 편찬 반포케 하여 농업 발전에 기여하고, 조세제도를 정할 때 온 백성의 민의를 파악하기 위하여 먼저 전국 8도의 관민에게 공법에 대한 가부를 조사(민주적 여론조사)하는 한편, 전제상정소를 설치하여 종래에 모순이 많았던 조세제도를 연분구등, 전분육등의 54 등급으로 확립 실시하여 조선조 5백년간의 조세제도를 확립하였다.

15세 미만인 어린이와 70세가 넘는 늙은이는 살인죄나 강도죄가 아니면 가두지 못하게 하고, 10세 이하와 80세 이상인 이는 사형에 해당되는 죄를 범했더라도 가두지 못하게 하였으며, 천민인 노비를 하늘이 낸 백성으로 인정해 주었다. 관비의 출산 휴가를 대폭 늘려 주기도 하였다.

세종 25년(1443) 친히 [훈민정음(訓民正音)]을 창제. 이에 대한 자세한 풀이를 집현전 학사 등에게 하게 하여 만든 해설서인 《훈민정음》 이란 책을 만들어 이와 함께 세종 28년(1446)에 반포하고, 《용비어천가》 , 《석보상절》 을 짓게 하고, 운서인 《동국정운》 등을 편찬 발간하게 하는 한편 《월인천강지곡》 을 스스로 지어 내기도 하였고, 한문으로 된 경서와 문학서 및 불경을 번역하게 하였으며, 이과와 이전 시험에 [훈민정음]을 시험 과목으로 정하는 등 훈민정음 보급에 크게 힘썼으니, 우리 문자 생활에 일대 혁신을 가져오게 하였다.

박연을 시켜 향악과 아악을 짓거나 정리하고, 편경과 편종 등의 악기를 제작하게 하였으며, 정간보의 창안은 동양 최초의 유량악보이고 《세종악보》 는 우리 아악의 연총일 뿐 아니라 동양의 고전 음악 연구에 절대적인 자료이다.

역사의식을 고취시키기 위하여 《고려사》 등을 편찬하고, 《효행록》과 《삼강행실도》를 지어 풍속을 권려하였고, 《명황계감》을 지어 후세에 제왕의 일락을 방지하고자 하였다. 《자치통감훈의》와 《치평요람》을 엮어 흥망성쇠를 본받도록 하였고, 《역대병요》를 엮어 전쟁을 잊지 않도록 하였다.

이사에 관한 법인 전주 출척의 법이 지극히 정밀하고 잘 갖추어져, 좋고 뛰어난 선비들이 관리로 많이 등용되었다.

세종 원년(1419) 이종무로 하여금 대마도를 토벌하게 하여 항복을 받음은 물론 경상도에 예속시켰고, 세종 15년(1433)에 최윤덕에게 명하여 파저 강 일대의 야인들을 토벌하여 사군을 설치하고, 세종 16년(1434)에는 김종서로 하여금 동북 변경 지방의 여진을 토벌하여 육진을 설치함으로써 동북과 서북쪽의 땅을 압록강과 두만강을 경계로 확장, 우리 강토의 방비를 튼튼히 하였다.

한편, 나라 안의 지리를 조사하게 하여 지리지를 편찬하게 하고, 실측지도를 제작하게 하였으니, 그것이 정척과 양성지 등에 의해서 세조 9년(1463)에 편찬된 [동국지도]이다. 이렇듯 세종은 백성들의 생활을 존중하는 모든 제도의 완성을 이루어 국태민안 문화 찬란의 황금시대를 이룩하였다.

세종의 어린 시절의 독서가 정치·경제·국방·문화 등 다방면에 훌륭한 치적을 쌓아 수준 높은 민족문화의 창달과 조선 왕조의 기틀을 튼튼히 하는 원동력이 되었다. 건국 초기의 강압적 왕권과 훈구세력 등이 사라지고, 온유한 유가적 자질의 신하들과 유자적 소양을 지닌 국왕의 만남으로 유교정치를 폈다.

그 밖에 단군사당 봉사, 삼국의 시조 묘에 제사 등 민족의 역사와 그 뿌리를 소중히 하는 데까지 관심을 두었다. 당시 사대주의가 팽배한 시대배경을 갖고 있었으나, 외국 문화를 참조하면서도 민족문화를 독자적으로 발전시키는데 진력하여, 우리 민족 역사상 가장 찬란한 한 시대를 열었다.

미국의 경제학자들이 한국 경제의 놀랄만한 발전의 근거를 연구한 결과 내린 결론은 과학적인 글을 가지고 있고, 높은 교육열과 단일민족이기 때문에 가능했다고 말했다.

한글의 과학성은 국제연합교육과학문화기구(유네스코)에서도 인정하고 있는데 문맹퇴치에 앞장선 개인이나 국가, 단체 등에 세종대왕상을 수여하고 있다.

세종대왕상은 1989년 6월 한국정부의 제의에 따라 국제연합교육과학문화기구(유네스코) 집행위원회에서 제정, 1990년부터 대상자를 뽑아 문맹퇴치의 날인 매년 9월 8일에 수상한다. 상은 본상과 장려상의 2부문으로 수여되며, 상금 3만 달러는 한국정부가 출연한다.

수상대상은 ① 문맹퇴치사업에 직접 종사한 경우, ② 국가 또는 지역 단위의 문맹퇴치사업 종사, ③ 문맹퇴치를 위한 언론캠페인 종사, ④ 문맹퇴치를 위한 교육자재개발 생산, ⑤ 문맹퇴치관련 학술연구, ⑥ 문맹퇴치사업계획 수립 및 이를 위한 조사업무, ⑦ 청소년의 문맹퇴치사업 참여유도, ⑧ 문맹퇴치에 공이 있는 언론 등이다.

### × 내 사전에 불가능은 없다는 나폴레옹

"내 사전에 불가능은 없다"는 나폴레옹은 1769년 8월 15일 프랑스령 코르시카 섬에서 태어났다. 코르시카 섬은 원래 이탈리아 영토이었으나 1769년 프랑스와의 전쟁에서 패배하여 프랑스 영토가 되었다.

그의 부친은 즉시 프랑스 정부에 협력하여 귀족으로 선출되었고, 1777년 베르사이유 삼부회의에 코르시카의 대표로 참가했다.

만약 코르시카가 이탈리아 영토이었다면 영웅 나폴레옹은 역사에 없었을 것이다.

그의 부친이 프랑스 귀족이 되어 프랑스에 협력한 공이 있어 나폴레옹은 열 살 때 파리로 유학을 가 사관학교에 입학하게 되었다. 생도들의 태반은 귀족의 자제들이었다.

코르시카 섬놈인 나폴레옹은 키가 작고, 사투리랑 가난 때문에 놀림도 받고 왕따를 당하고 천대를 받았다.

나폴레옹은 왕따와 천대를 도서관에 혼자 틀어박혀 책을 보는 것으로 극복하였다. 그는 도서관에 있는 모든 책을 다 보려고 하였고, 좋아하는 책은 몇 십번이고 읽고 또 읽어 그것을 암기하려고 하였다.

그는 풀루타크 영웅전을 특히 좋아하여 그 책을 수십 번 읽고 또 읽었으며, 그리이스와 로마시대의 역사와 전쟁, 전술에 관한 책을 모두 몇 십번씩 읽었다.

그는 풀루타크 영웅전을 읽으며 풀루타크의

세계는 실재로 존재했던 역사로 재현 될 수도 있다고 상상하며, 그 속에 나오는 영웅들과 자신을 동일시하고 그들의 운명을 추적했다.

그는 때로는 스파르타인이 되고, 로마의 케사르가 되고, 명장 한니발이 되어 전쟁터를 누비고 끊임없이 사색하고 상상으로 전쟁을 하였다. 독서광인 그는 역사를 좋아 했으며 수학에 뛰어난 재능을 보였다.

눈이 많이 온 겨울 어느 날 학교에서 눈싸움을 편을 나눠 하는데, 나폴레옹은 그 편의 지도자가 되어 후군과 중군, 선군을 만들어 후군은 눈싸움 할 눈을 만들고 선군은 언덕을 만들고 중군은 공격을 시켰다. 하지만 상대편은 우리가 일반적으로 하는 눈싸움처럼 개별적으로 산만하게 그냥 돌진 했다. 결과는 나폴레옹 팀은 전원 생존하고 상대는 전멸이었다.

이 눈싸움을 통하여 나폴레옹의 훌륭한 병력분단, 위치 선정 등 다른 전략관들 보다 뛰어난 전술로 친구들과 선생님에게 신임을 얻었다.

실제로 나폴레옹은 그때 교장선생님의 신뢰를 받아 나폴레옹이 다녔던 사관학교를 1등급으로 졸업했다. 나폴레옹은 수학을 잘했기 때문에 포병부대에 배치되어 근무 하였다.

나폴레옹은 대위계급으로 툴롱 전투에 참가하여 그의 작전이 채택되어 전투에서 승리한 후에 장군으로 진급하였다. 나폴레옹은 1796년 이탈리아 원정군 사령관으로 임명되었다.

당시 프랑스의 이탈리아 원정군에 대한 모습은 절망적이었다. 이탈리아의 프랑스군은 옷은 누더기였고 반쯤 굶주렸으며 이동수단도 부족했다. 궁핍이란 스트레스의 아래에서 기강도 무너져있었다. 경험이 있는 지휘관(스체러) 덕분에 로안노(Loano) 전투에서는 이겼지만 자금, 물자, 지원 병력 부족은 도저히 해결할 방법이 없었다.

직접적으로 말해서 부대는 무일푼으로 수송도 할 수 없었고, 병력을 모집할 수도 없었다. 특히나 공포정치와 높은 세금의  강제징수가 사정을 더욱 악화시켰다.

직접적으로 위험에 직면한 젊은 장군인 나폴레옹은 위험한 폭동과 어려운 난관을 병사들에게 연설로 풀었다. 그는 병사들에게 연설을 통하여 용기를 불어 넣어주었고, 사기를 드높이며. 자신의 신념을 병사들과 같이 하려하였고, 그런 병사들을 통하여 모든 문제를 해결하려고 하였다.

첫 명령이라고 생각되는 나폴레옹이 행한 유명한 연설은 아마도 훗날 각색되었음이 틀림없지만 그의 뛰어난 웅변실력을 보여주는 것이었다.

'병사들이여! 그대들은 헐벗고 굶주렸다. 조국은 그대들에게 많은 것을 빚지고 있지만 아무 것도 줄 수가 없다. 그대들이 험한 산지에서 보여준 인내와 용기는 경탄할 만하다. 그렇다고 영광을 얻지는 못하였다. 나는 그대들을 세상에서 가장 비옥한 영토로 이끌고 가려고 한다. 부유한 땅과 거대한 도시들이 그대들의 것이 될 것이다. 그리고 그곳에서 부와 명예와 영광을 얻을 것이다. 이탈리아 파견군 병사들이여! 용기가 필요하지 않은가?'.

이 외침은 사기가 떨어진 부대의 장병들의 가슴을 울렸다.

나폴레옹은 병사들을 훈련하고 격려하며 사기를 높이고 그들에게 이탈리아 전쟁에서 승리하면 부와 명예를 얻을 것이라고 끊임없이 그들을 격려했다.

그러면서 이탈리아와 전쟁에 승리하기 위해서는 반드시 알프스 산을 넘어야만 쉽게 승리

할 수 있다고 믿었다.

그것은 그가 어린 시절 풀루타크 영웅전을 수없이 읽으며 한니발이 기원전 218년 5월 군대를 이끌고 보병 5만에 기병 9천, 코끼리 37마리를 가지고 알프스 산을 넘었다는 것을 기억하고 자신도 한니발과 같이 알프스를 넘으려 하였다.

나폴레옹이 부하들에게 물었다. "이 길로 가면 산을 넘을 수 있겠나?" 이들은 험하기 이를 데 없는 알프스의 생 베르나르 고개를 넘을 방도를 찾으라는 밀명 아래 사전 답사를 다녀온 사람들이었다.

"아마.... 가능할 것....... 가능성을 완전히 배제할 수는 없습니다."

부하들은 나폴레옹과 눈도 제대로 마주치지 못한 채 우물거렸다.

나폴레옹은 이미 알프스 산을 넘을 수 있다는 것을 알고 부하들에게 지금부터 2000년 전 한니발이 알프스 산을 넘어 로마군과 싸워 승리 하였다는 것을 말해 주었다.

키 작은 나폴레옹이 단호한 어조로 말했다.

“알프스 산을 넘어 이탈리아로 진군 한다”.

방금 전 부하들의 대답에서 충분히 느낄 수

있었던 말, 즉 고개를 넘는 일이 매우 힘들 것이라는 사실 따위에는 전혀 관심이 없는 듯했다.

영국과 오스트리아의 군대는 나폴레옹이 알프스 산맥을 넘으려 한다는 소식을 듣고, 소리 없는 경멸로 냉소했다. 그곳은 지금까지 그 어떤 수레도 넘은 적이 없고, 또 넘는 것이 절대 불가능해 보이는 신성불가침의 산이 아니던가. 게다가 나폴레옹은 7만에 달하는 병사를 이끌고, 육중한 대포에서부터 몇 톤은 족히 나갈 듯한 포탄과 무기, 그 밖에 수많은 전쟁 물자까지 가지고 알프스를 넘는다는 것은 자살행위나 다름없다고 생각했다.

하지만 얼마 후, 이탈리아 제노바에서 나폴레옹의 최측근인 마세나 장군을 완전히 포위함으로써 승리가 눈앞에 다가왔다고 확신하던 오스트리아 병사들은 갑작스럽게 나폴레옹 군대가 들이닥치자 반격할 엄두도 내지 못하고 속수무책으로 당할 수밖에 없었다.

나폴레옹의 사전에는 정말로 불가능이란 없었다. 나폴레옹은 이전에 알프스를 넘으려던 다른 도전자들과는 달랐다. 그는 범접할 수 없는 산의 높이에 압도당해, 지레 오금이 저려 포기하는 우를 범하지 않았던 것이다.

역사적으로 수없이 많은 지휘관들이 나폴레옹 못지않은, 아니 어쩌면 그보다 더 막강한 장비와 산행에 능한 병사들을 거느리고 있었지만, 알프스를 넘는 데는 성공하지 못했다. 이유는 단 한 가지, 바로 끈기와 용기가 부족했기 때문이다. 나폴레옹은 어려움 앞에서도 절대 뒤로 물러서지 않았다. 그것이 누구도 이겨낼 수 없는 극심한 어려움이라 해도 말이다. 그는 앞으로 나아가야 했기 때문에 스스로 기회를 만들었고, 그 기회를 단단히 잡은 뒤 놓지 않았던 것이다.

많은 사람들이 "불가능하다고 여기던 일이 실현되면, 어떤 사람들은 자기도 이미 오래전에 성공할 수 있었다는 둥, 자신에게는 극복할 수 없는 커다란 어려움이 있었다는 둥 트집을 잡곤 한다. 하지만 이는 어려움 앞에서 뒤로 물러섰던 자신의 행동을 정당화 하려는 궁색한 변명에 지나지 않는다.

그의 꿈은 모든 젊은이들의 것과 똑 같은 것이었다. 젊은 시절 그가 가진 '국민의 자유, 평등의 꿈'은 피 끓는 젊은이라면 누구나 갖는 것이었다. 거인 나폴레옹은 소인배들에게 짓밟

히고 학대받았다. 그러나 그것은 인간이라면 누구를 막론하고 어느 정도는 맛보아야 하는 쓰라림이었다.

나폴레옹이 제왕이었기 때문이 아니라 가난한 집에서 태어나 수모 받으며 살면서도 꿈을 잃지 않았기 때문에 젊은이들의 마음을 움직인 것이었다. 그 역시 괴로운 정진과 고행의 일생을 보냈다는 사실이 그들을 감동시킨 것이었다.

"시국은 유망하다. 설사 유망하지 않더라도 인간은 현재를 살아가야만 한다. 용기 있는 자는 미래를 경멸한다."

"인생은 도박이다. 전진이 있을 뿐이다! 운명은 하늘에 달려 있다."

"세상에는 오직 두 가지 힘만 있다. 하나는 정신력이고 또 하나는 총검이다. 총검은 정신력에 정복당한다." 이 모든 것은 나폴레옹은 수 만권 책의 독서를 통해서 배웠다.

역사상 위대한 인물들 대부분은 독서를 게을리 한 사람은 단 한 사람도 없다.

### * 미국 100달러 짜리 초상화의 주인공 벤자민 플랭크린

미국의 100달러짜리 지폐에 초상이 새겨진 벤자민 플랭클린도 지독한 독서광이었다.

벤자민 프랭클린은 1706년 1월 17일에 보스톤에서 태어났다. 그는 비누와 양초를 만드는 조슈아 프랭클린의 17자녀 중 15번째 아이였다. 그의 어머니는 아버지의 두 번째 부인이었고, 흥미롭게도 벤자민은 5대째 막내아들의 가계를 이어왔다.

어린 벤자민은 글을 일찍이 깨우쳤지만, 비싼 학비 때문에 공식적인 학교 교육이라고는 2년 밖에 못 받고 10살 때 그만 두었다. 그는 읽기와 쓰기에서 각각 "매우 잘함"과 "잘함"을 받았지만, 산수는 "형편없음"을 받았다.

그는 집으로 돌아와 양초와 비누를 만들어 파는 일을 도왔다. 12살이 되면서 벤자민은 인쇄공인 형 제임스 밑에서 일하게 되었다.

그는 더 이상 학교를 다니지는 못했지만, 학업을 완전히 포기한 것은 아니었다. 그는 독서를 통하여 자신의 부족한 학력을 보완하고 친구들과 독서토론클럽을 만들어 지식을 넓혀갔다. 그의 독서량은 그 당시 미국의 일류 대학을 나온 사람들보다 더 많았다.

한 역사가가 기록해 놓은 것 같이 "가장 호기심이 많고 감수성이 예민한 미국의 한 젊은이가 지식을 사냥하고 있는 중이었으며, 그는 사막에서 까지도 그것을 찾았을 것이다." 이 어린 소년은 글쓰는 기술을 다듬어 갔고, 곧 싸이런스 도굿(Silence Dogood)이라는 필명으로 형이 발간하는 신문에 많은 기고를 하였다.

17살이 되자, 비록 형과의 계약기간이 끝나지는 않았지만, 벤자민은 가출하여 처음에는 뉴욕, 다음에는 필라델피아로 거처를 옮기고 1724년에 런던에 가서 2년만에 앞선 인쇄기술을 배워 필라델피아에서 인쇄소를 경영하였다.

24살에 프랭클린은 자신의 인쇄소를 소유하게 되었고, 그 후로 37년이 지나서 그는 펜실바니아 신문(Pennsylvania Gazette)을 발간하였다. 벤자민은 성공적인 조직가이자, 개혁가였으며 혁신가이기도 했다. 그는 최초로 신문에다 만화를 삽입한 사람이었다.

그는 소방조합을 만들어 화재에 신속히 대처하게 하고, 필라델피아에 대학을 건립하여 미국철학협회를 창립하는 등 폭넓은 교육·문화

활동을 하였다. 그의 성공 뒤에는 그가 젊은 시절 읽었던 수 만권 책의 힘이었다.
그리고 그는 정치와 외교 분야에서도 성과를 많이 거두어 영국으로부터 자주 과세권을 취득하고, 노령에도 불구하고 독립전쟁 때 미국의 독립선언서를 기초하였다.
80세에 펜실베니아주에서 주지사가 되었고, 83세에 필라델피아에서 사망하였다.
장례는 국장으로 치러졌고, 지금도 미국의 정신은 프랭클린정신이라고 한다.

### × 위나라를 세운 삼국지의 주인공 조조

삼국지에 나오는 조조 역시 독서광이었다.
조조는 열두어 살 때부터 스물이 되던 때까지 실로 자유분방하였다. 병서에 미쳐 손자 · 오자병법을 수 십 번 독파 하여 줄줄 암기하였고, 시와 독서에도 미쳐보았고, 사냥과 무예, 싸움에 미치고, 속이고 노는 일에 미치고, 춤과 노래, 여자에도 미쳤다. 무엇이든지 미치지 않고는 못 배기는 열정과 힘이 있었다. 그의 내면을 뜨겁게 휘몰고 있는 정체 모를 불꽃은 알 수 없는 사람들에게는 방탕이요, 타락이요, 행악으로 밖에 비칠 수 없는 시절이었다.

무릇 어떤 분야에서 최고수가 되어 정상에 서고자 한다면 자신이 잘하는 그 분야에 미쳐야 한다. 바둑, 골프, 피아노, 게임, 컴퓨터 프로그래머 등 어린 시절 오로지 그것만 하루 종일 하며 미쳐 지내야 한다. 그러나 혼자 미쳐서 하면 발전은 없다. 반드시 최고로 뛰어난 고수에게 가서 배워야 한다.

그리고 그 분야의 고수들이 쓴 책은 모조리 사서 열 번이고 백 번이고 독파해야한다.

끝없이 연구하며 책을 보고 배우는 것 그것이 진정한 고수가 되는 길이다. 그렇게 하지 못하면서 게임이든 뭐가 되었든지 혼자 그 분야에 미쳐 날뛰며 시간만 허비한다면 그것은 얼치기가 되는 지름길이다.

조조는 사람들은 할 수 있는 것을 성취하는게 아니라 할 수 있다고 믿는 것을 성취한다고 생각하였다. 그는 스스로 할 수 있는 자는 승리하고, 마음에 품거나 믿는 것은 무엇이든지 성취할 수 있다고 믿었다.

그러면서 그는 무엇을 원하고 왜 원하는지를 명확히 안다면 원하는 것은 무엇이든지 가질 수 있고, 명확한 목표를 세우고, 목표를 성취해야하는 이유와 그 목표를 성취하는 시기까지 예측하고 노력해야 한다고 믿었다.

그는 늘 긍정적인 자세로 목표와 꿈을 이룰 수 있다고 말하며, 그 목표를 아침, 점심, 저녁으로 하루 세 번씩 생각하고 명상했다. 그는 목표를 성취하는 그 순간을 시각화하여 삶 자체를 그 목표를 성취하는 것에 맞추었다.

그는 꿈과 열정이 있었으며 상대방에 대한 배려와 관용도 잊지 않았다.

그는 어떤 목표를 성취하기 위하여 계획을 자신의 모사들과 논의 할 때는 최소 열 가지의 방법을 가지고 논의를 했다. 또한 스스로 모든 것을 다 알 필요는 없지만 그 목적에 대한 답은 '어디 가서 어떻게 찾아야 하는지 알아야한다'고 믿었다.

그러면서 "지식은 확고한 목적을 향한 실천적인 행동계획을 통하여 체계화되고, 잘 적응 될 때만이 힘이 되며, 그 힘을 사용하기 위해서는 전문지식을 갖추어야한다"고 생각했다. 그 전문지식을 조조는 독서를 통하여 배우고 깨우쳤다.

보통 성공한 사람들 중 전문 지식 없이 성공한 사람은 하나도 없다.

× 가장 훌륭한 미국 대통령 링컨

링컨은 1809년 2월 12일 미국 캔터키 주에서 태어났다. 당시 그의 집안은 무척 가난했으며 아버지 토머스 링컨은 목수와 농장일꾼으로 일했으며 재치가 있는 이야기 꾼 이었다.

남달리 흉내를 잘 냈고, 남이 들려준 이야기를 기막힐 정도로 잘 외웠으며, 밤마다 손님이나 이웃들과 이야기 나누는 것을 좋아했다. 그리고 그의 어머니는 자애로운 어머니였으며 어린 링컨에게 줄곧 성경을 읽어 주곤 했다.

그러나 그의 어머니는 9살때 세상을 떠났고, 링컨은 세라 부시 존스턴 이라는 새어머니를 맞이했다.

새어머니는 링컨을 친자식처럼 사랑하며 그의 재능을 알아보고, 제대로 가르치기 위하여 최선의 노력을 다했다. 새어머니가 링컨을 가르쳐 책 읽는 법을 알려 주었고, 지독한 독서광으로 닥치는 대로 책을 읽는 링컨을 배려하여, 스스로 그만둘 때 까지 책을 읽을 수 있는 분위기를 만들어 주었다.

22세 때 집을 떠난 링컨은 뱃사공, 가게 점원, 장사꾼, 우체국장, 측량기사 등으로 일하면서도 책을 손에서 놓지 않고 계속 읽고 또 읽었다. 책을 읽으면서 링컨은 25살 때 법조인이 되기로 결심했다.(링컨은 자신이 시민들에게 존경을 받을 만한 사람임을 증명하겠다는 야망을 일찍부터 품고 있었다)

법조인이 되기로 결심한 이후에도 링컨은 철저히 독학 할 수밖에 없었다.

그리고 법조인을 지망하는 젊은이에게 이렇게 조언했다.

"책을 구해서 읽고 공부하게. 책을 이해할 줄 아는 능력은 어디서나 다 똑같네. 성공하고야 말겠다는 결심이 그 무엇보다 중요하다는 것을 늘 마음에 새겨두게." 성공하겠다는 굳은 결심과 의욕, 그리고 지식욕과 독서욕이 젊은 링컨이 지닌 단 두 가지 자산이었다.

링컨, 그처럼 많은 실패를 한 사람은 없다.

그는 많은 선거에서 떨어졌다.

29세에 의회 의장 선거에서 떨어졌으며,

31세에 대통령 선거에서 떨어지고,

34세에 국회의원 선거에서마저 낙선했다.

37세에 국회의원에 당선되었지만 39세에 국회의원 선거에 또다시 떨어지고 말았다.

46세에 상원의원 선거에 떨어지고 47세에 부

통령 선거에 낙선되었으며, 49세에 상원의원 선거에 떨어졌다.
그리고 27세 때에는 신경쇠약과 정신분열증으로 고생하기도 했다.

하지만 링컨의 오랜 신념은 모든 인간은 평등하게 태어났고, 인간이 다른 사람을 노예로 만드는 것과 관련된 도덕적 권리는 있을 수 없다는 의지를 강하게 내세우며, 인상적인 연설과 토론, 그리고 확고한 신념으로 많은 사람을 매료시켰고, 마침내 1860년 11월6일 링컨은 국민들의 선택을 받아 대통령이 되었다.

미국의 제16대 대통령 에이브러햄 링컨은 남북전쟁이 한창이던 1863년 1월 1일자로, 아래 같이 시작되는 노예해방선언을 공표했다.

"1863년 1월 1일부터 미합중국에 대하여 반란 상태에 있는 주 또는 어떤 주의 특정 지역에서 노예로 예속되어 있는 모든 이들은 영원히 자유의 몸이 될 것이다."

"육해군 당국을 포함한 미국 행정부는 그들의 자유를 인정하고 지킬 것이며, 그들이 진정한 자유를 얻고자 노력하는 데 어떠한 제한도 가하지 않을 것이다."

이듬해 3월 링컨이 취임한 지 한 달 후에 남

군의 공격으로 남북전쟁이 일어났고, 북군은 수세에 몰렸으나 1862년 9월 노예제 폐지를 공언한 노예해방예비선언을 통해 국내외 여론을 유리하게 이끌면서 전세를 역전시켰다.

그리고 1865년 4월 9일 남군 사령관 로버트 리 장군이 항복함으로써 남북전쟁이 끝났다.

전쟁이 끝난 후 링컨은 남부 대통령이나 남부군 사령관은 물론 어떠한 사람도 처벌하지 않고 자유롭게 살도록 허락하였다. 그는 모두 하나의 미국인이라는 신념을 가지고 있었다.

미국의 남북전쟁은 역사적으로 보면 미국이 농업국가로 가느냐, 산업화된 산업국가로 가느냐를 판가름하는 중요한 길목이었다. 만약 링컨이 남북전쟁에서 패배하였다면 미국은 지금도 브라질이나 아르헨티나처럼 농업국가로 남아있고 오늘날의 미국은 없었을 것이다.

당시 링컨은 1864년 대선에서 재선에 성공해 연임 중이었다.

남군이 항복한 지 며칠 뒤인 1865년 4월 14일 금요일 저녁 8시가 조금 지난 시각, 링컨 부부는 워싱턴에 있는 포드 극장으로 <우리 미국인 사촌>이라는 연극을 관람하러 마차에 올랐다. 그리고 10시 12분경, 포드 극장 특별석에서 존 윌크스 부스가 대통령의 뒤통수를 향해 방아쇠를 당겼다. 그리고 약 9시간 뒤인 4월 15일 아침 7시 22분, 안타까운 링컨의 사망이 최종 언도되었다.

미국 제44대 대통령 선거 당선자 버락 오바마는 당선 연설에서 이렇게 말했다. "젊은이와 노인, 부유한 이와 가난한 이, 민주당원과 공화당원, 흑인과 백인과 히스패닉과 아시아계와 미국원주민, 동성연애자와 이성애자, 장애인과 비장애인, 모든 미국인이 대답을 해주었습니다. 미국은 붉은 주나 푸른 주의 집합도 아니고 단순한 개인들의 집합체도 아니라는 메시지를 세계에 보냈습니다.

지금은 물론 앞으로 언제까지라도 늘 우리는 미합중국일 것입니다. 미국이 오늘날보다 훨씬 더 분열되어 있었을 때 링컨이 말했듯이, 우리는 적이 아니라 친구이고 동지입니다."라고 말하였다.

노예해방 이후 지난한 굴곡과 투쟁 과정을 거치며 인권 신장과 민주주의의 역사를 이루어올 수 있었던 것은 에이브러햄 링컨이라는 '거인의 어깨'가 있었기에 가능했다.

링컨은 독서를 통하여 이 모든 것을 이룩했다.

**× 금융계의 황제 조지 소로스**

'헤지펀드계의 전설', '헤지펀드의 대부'로 불리는 미국 금융인 조지 소로스는 1930년 8월 12일 헝가리 부다페스트에서 태어났다. 본명은 조지 슈와르츠였으나 반유대주의가 기승을 부린 1936년 소로스로 성을 바꿨다. 제2차 세계대전 직후인 1947년 영국으로 이민한 뒤 런던정경대학(LSE)을 졸업했다.

조지 소로스는 어린 시절 빈민가를 전전하며 접시닦이, 웨이터, 페인트 공, 공장 노동자 등으로 일했다. 일을 잘하지 못해 일하던 곳에서 쫓겨나기 일쑤였고 하는 일마다 실패했다.

그런데 주목할 점은 그가 거듭된 실패를 겪는 중에도 온 힘을 다해 책을 읽었다는 것이다. 9년간의 런던 생활 이후에도 독서에 대한 조지 소로스의 열정은 식을 줄 몰랐다. 근무시간에도 틈만 나면 책을 읽었고 주말이나 휴일에는 뛰어난 사람들로부터 자신이 읽어 알지 못하는 것을 배우기도 하였다.

1956년 미국으로 다시 이민을 간 후 월스트리트에서 펀드매니저 일을 시작하여 얼마 지나지 않아 최고 소득을 올리는 펀드매니저로

두각을 나타냈다.

1969년 1만 달러로 시작한 투자회사 '퀀텀 펀드'는 그로부터 20여 년 후 2100만 달러의 기금을 가진 회사가 됐다. 이 과정에서 그가 달성한 종합성장률 연평균 35%는 금융계에서 전무후무한 기록으로 남아 있다.

1992년 10월, 결국 그는 세계 금융계의 황제가 되어 영국으로 돌아왔다. 조지 소로스는 결코 서두르지 않았다. 그리고 지금 자신에게 중요한 것이 무엇인지 정확히 알고 있었다. 그렇기에 지금 당장 급한 것 보다는 자신에게 진정 중요한 일을 하기 위해 온 마음으로 철학고전을 읽었다.

## 2. 부모의 후원으로 성공한 사람들

– 부모님은 내 생명의 근원이고, 내 삶의 안식처다. –저자–

### * 나의 영원한 후원자 부모

사람이 태어나는 것은 부모님에게 받은 은혜이다. 또한 살아가면서 자신에게 가장 많은 여향을 미치는 것도 부모님이다.

부모를 떠나서 자신을 생각 할 수 없고, 부모의 양육이 없다면 스스로 자랄 수 없다.

내가 살아가는데 가장 최선이고 가장 든든한 동반자이자 후원자는 부모이다.

자신의 성공의 원천도 부모이고, 자신을 자신되게 만들어주는 것도 부모요 학교이며 스승이다. 부모는 나를 지원하고, 따뜻함과 위안과 보호 등을 제공하여 준다.

불설대보부모은중경(佛說大報父母恩重經)은 부모의 은혜가 한량없이 크다는 것을 말해주고 있는데 그 내용은 부모의 은혜를 구체적으로 십대은(十大恩)으로 나누어서 설명하고 있다. ① 어머니 품에 품고 지켜주는 은혜, ② 해산날에 즈음하여 고통을 이기시는 어머니 은혜,

③ 자식을 낳고 근심을 잊는 은혜, ④ 쓴 것을 삼키고 단 것을 뱉어 먹이는 은혜, ⑤ 진자리 마른자리 가려 누이는 은혜, ⑥ 젖과 음식을 먹여서 기르는 은혜, ⑦ 손발이 닳도록 깨끗이 씻어주시는 은혜, ⑧ 먼 길을 떠나갈 때 걱정하시는 은혜, ⑨ 자식을 위하여 나쁜 일까지 짓는 은혜, ⑩ 끝까지 불쌍히 여기고 사랑해주는 은혜 등이다.

이황(李滉)은 “부모가 자녀를 사랑하는 것이 자(慈)이고, 자녀가 부모를 잘 받드는 것이 효(孝)이다. 효자의 도리는 천성에서 나오는 것으로, 모든 선의 으뜸이 된다.”고 하였다.

부모의 후원과 독서와 뛰어난 스승은 나를 남들보다 더 쉽게 성공의 길로 안내한다.

### × 맹자의 맹모삼천지교

맹자(B.C372?-289?)는 지금의 산동성 추현 지방 출생으로 이름은 가(軻), 자는 자여(子與) 또는 자거(子車)다.

세 살 때에 아버지를 잃고 편모슬하에서 성장했는데, 조숙했던 공자와는 달리 말썽꾸러기었다. 모방하려는 기질이 강하여 주변 지역의

풍습을 곧잘 흉내 냈기 때문에, 그 어머니가 세 번 이사를 다니며 가르쳤다고 하는 맹모삼천지교(孟母三遷之敎)가 유명하다.

맹자가 어렸을 때, 그 집은 공동묘지 근처에 있었다. 그가 노는 모양을 보니, 무덤을 만들고 발로 무덤을 다지는 모습을 흉내 내는 것을 보고 맹자 어머니는 “이곳은 아이를 기를 만한 데가 못 된다.” 하고는 이제 시장 근처로 이사를 했다.

그런데 그곳에서는 물건을 파는 장사꾼의 흉내를 자꾸 내서, 이에 맹모는 “이곳도 아이를 교육할 만한 곳이 못 된다.” 하며 다시 학교 근처로 이사했다.

그러자 여기에서는 놀이를 하되, 제기를 차려 놓고 어른에게 인사하고 겸손하며 양보하는 예를 다하는지라, 이때에야 비로소 맹모는 마음을 놓고 “이곳이야말로 참으로 자식을 가르칠 만한 곳이구나.” 하며 그곳에서 살게 되었다. 맹자의 어머니가 모성 교육의 사표(師表)로서 후세에 길이 빛나는 이유도 여기에 있다.

공자가 살았던 춘추 시대나 맹자가 생존했던 전국 시대는 전쟁이 항상 있던 시기로 정치적으로 매우 혼란하고 불안한 시기였다.

그럼에도 불구하고 문화적으로는 큰 의의를 가지고 있었다. 이때 제자백가(諸子百家)라 부를 만큼 많은 사상가들이 나왔는데, 가령 유가 외에도 도가 · 묵가 · 법가 · 병가 등이 있었으며, 또한 황당무계하고 대담한 학설도 다양하게 나타났다. 이처럼 잡다한 학설에 대항하여 유가의 이름을 크게 떨친 인물이 바로 맹자였다.

앞서 언급한 것 외에도 맹자에 관한 유명한 일화가 더 있다. 맹자가 어렸을 때, 밖에서 놀다가 이웃집의 돼지를 잡는 것을 보고 집으로 뛰어 들어가서 어머니에게 물었다.
"돼지는 왜 잡습니까?"
그러자 어머니는 무심코 대답했다.
"너를 먹이려고 그런단다."
하지만 곧 맹모는 자신의 말에 크게 후회했다.

"내 듣건대 예전에는 태교(胎敎)도 있었다는데, 이 아이가 무엇을 알려고 묻거늘 내가 만일 거짓말을 한다면, 이것은 불신을 가르치는 결과가 된다."

이런 생각에 맹모는 결국 그 돼지고기를 사다 먹였다는 것이다.

그리고 그 후 맹자는 학교에서 공부를 열심히 했다. 몇 년 후에 선생님이 그를 불러서 말했다.

“너는 내게서 배울 것을 다 배웠으니, 이제부터 여기에 나올 필요가 없다.”

이렇게 해서 맹자는 노나라의 수도인 취푸(曲阜)로 가게 되었고, 공자의 손자인 자사의 문하에서 배우기 시작했다. 맹자는 공자가 태어난 곳에서 겨우 6리 정도 떨어진 가까운 거리에 있었기 때문에, 일찍이 그를 흠모했고 그와 같은 성인이 되는 것을 목표로 삼았다고 한다.

얼마 후 맹자는 말 타기를 배우다가 넘어져 팔을 다쳤는데, 마침 어머니와 헤어진 지도 오래되고 하여 고향으로 갔다. 그때 길쌈을 하던 맹모가 물었다.

“너의 공부가 얼마나 성취되었느냐?”

이에 맹자가 대답했다.

“별로 나아진 바가 없습니다.”

이 말을 들은 맹모는 칼을 들어 길쌈하던 것을 끊으며 말했다.

“네가 공부를 하다가 중단하는 것은 마치 내가 이 칼로 여태까지 애써서 짜던 이 길쌈을 끊는 것과 같다.”

맹자는 크게 깨닫고 발길을 돌렸다. 그리고 아침저녁으로 부지런히 공부하여 쉴 줄을 몰랐다. 이것을 맹모의 단기지교(斷機之敎)라고 한다.

맹자는 이사를 세 번하고, 베를 끊는 등 어머님의 지극한 후원으로 끝없이 학문을 정진하여 위대한 성인으로 우뚝 섰다.

### * 어머니의 교육으로 성공한 발명왕 에디슨

에디슨(Thomas A. Edison, 1847~1931)은 1847년 미국 오하이오 주의 밀란에서 일곱 남매 중 막내로 태어났다.

아버지는 목수였고 어머니는 이전에 교사로 활동한 바 있는 인자한 어머니였다.

어린 시절에 에디슨은 상상력이 매우 풍부하고 기발한 호기심을 가졌던 것으로 전해진다.

달걀을 품어 병아리를 만들려고 했다는 일화 이외에도 숱한 이야기가 있다. 한 번은 에디슨이 곡물 창고에 들어가 그 구조를 유심히 관찰하던 중에 스위치를 잘못 눌러 곡물에 깔려 죽을 뻔했다고 한다.

에디슨은 사람이 하늘을 날 수 있도록 하는 알약을 만들어 친구에게 먹게 했으나 그 친구가 하늘을 날기는커녕 며칠 동안 배가 아파 고생했다는 이야기도 있다.

이러한 에디슨에게 틀에 박힌 학교교육은 아무런 흥미도 부여하지 못했다.

무조건 '읽어라, 써라, 외워라' 하는 공부는 재미도 없고 답답하기만 했다. 그러나 공부를 잘하기 위해서는 무조건 '외우고, 쓰고, 읽어야',한다. 공부를 못하는 학생들은 매일 배운 것을 백 번씩 읽고 써보기 바란다. 그러면 분명히 성적은 자신도 모르는 사이에 올라 갈 것이다.

에디슨은 점점 공부시간에 딴전을 피우거나 이상한 질문을 해서 선생님을 화나게 만드는 일이 잦아졌다.

"선생님, 1에다가 1을 더하면 2가 된다고 하셨는데 그건 왜 그렇죠? 1에다가 1을 더하면 3이나 4는 왜 안 되는지 궁금해요."

"너처럼 멍청한 녀석은 처음 본다. 그러니까 항상 꼴찌만 하는 거야!"

수업 시간은 매번 이런 식이었다. 하지만 에디슨의 어머니는 항상 에디슨의 편이 되어 주었다.

“에디슨, 너는 절대로 바보가 아니야. 그 반대로 너무 똑똑해서 선생님이 너를 제대로 가르치지 못하는 거란다. 학교가 싫으면 가지 않아도 돼. 자, 엄마하고 선생님께 가서 말씀드리고 오자.”

이렇게 해서 에디슨의 학교생활은 3개월 만에 끝이 나고 어머니한테서 교육을 받았다.

어머니는 어떤 질문을 해도 귀찮아하지 않고 자세하게 설명해 주었다. 역사와 지리, 과학 공부는 다양한 책을 통해 깨치도록 하고, 소설을 읽어 감성과 상상력을 키워 주었다.

이런 어머니를 통한 에디슨의 독서는 무한한 상상력을 키워 주었고, 수많은 책을 통해서 그는 학교교육을 받은 사람보다도 이 세상의 진리를 더 많이 알게 되었다.

이때의 독서를 통한 무한한 상상력이 발명왕이 되는 기초를 마련해 주었다. 에디슨이 무엇보다 좋아한 책은 《자연 과학과 실험 과학 입문》 이었다.

에디슨은 증기기관이니 전기니 전신기니 하는 이야기는 아무리 여러 번을 읽어도 지루해하지 않았다.

어린 시절의 에디슨은 오늘날 교육심리학에서

말하는 ADHD(attention-deficient/hyperactivity disorder) 아동행동장애(주의력이 결핍되어 있고 과잉 행동을 하는 장애를 가진 아동)로 평가되기도 한다.

호기심이 왕성했지만 이상한 행동이 많았고 집단생활에 잘 적응하지 못했으며, 정서불안의 증세를 보였던 것이다. 그런 에디슨을 이해하고 가르치면서, 너는 장차 훌륭한 사람이 될 수 있다고 한없는 칭찬을 해준 어머니 덕분에 에디슨은 그런 장애를 극복 할 수 있었다.

이처럼 정규교육을 제대로 받지 못한 에디슨에게는 어머니의 가정교육이 매우 중요한 역할을 담당했다. 에디슨의 어머니는 자식이 흥미를 느끼는 분야를 중심으로 공부를 시키면서 점차 그 범위를 확장시켜 나갔다.

특히, 에디슨은 아홉 살 때 파커(Richard Parker)의 『자연·실험·철학』 이라는 책을 읽으면서 과학에 깊은 관심을 가지게 되었던 것으로 전해진다.

열 살 때에는 자기 집 지하에 실험실을 만들어 그 책에 소개되어 있는 실험을 모두 스스로 해 보기도 했다.

초등학교를 중퇴한 에디슨은 1859년 부터

자신의 실험 비용을 확보하기 위하여 철도 급사로 일했다. 그는 열차를 왕래하면서 신문과 음식물을 팔았다. 또한, 차장의 허락을 얻어 열차 뒤편에 실험실을 만든 후 틈틈이 실험을 했다.

1861년부터 미국에서 남북전쟁이 진행되면서 전쟁의 소식을 담은 신문이 불티나게 팔리자 그는 열여섯 살 때 헌 인쇄기를 구입한 후 신문을 스스로 제작하여 큰 수입을 올리기도 했다.

에디슨 신문의 인기가 점점 좋아지고 있을 때 에디슨의 열차 실험실에서 화재가 발생하는 사고가 발생했다. 스티븐슨(Stevenson) 차장의 수습으로 불은 곧 꺼졌지만 차장은 에디슨의 실험용 기기와 약품을 모두 밖으로 던져버렸다. 그 사건 이후에 우울한 나날을 보내고 있었던 에디슨은 열차에 치일 뻔했던 매켄지(MacKenzie)역장의 세 살배기 아들을 구해주었다.

전신기술자였던 역장은 감사의 뜻으로 에디슨에게 5개월 동안 전신기술을 가르쳐 주었다.

에디슨은 열여섯 살이 되었던 1863년부터 미국의 남부 및 중서부 지역을 떠돌아다니며 수습 전신기술자로 일을 하다가 스물한 살이 되었던 1868년에 보스턴에 정착했다.

그 해에 에디슨은 자신의 최초의 발명품인 전기투표기록기를 발명했는데, 그것은 투표자가 찬성 혹은 반대의 버튼을 누르면 투표결과가 자동으로 기록되는 기계였다. 그러나 국회직원들이 사용할 필요를 느끼지 못했기 때문에 전기투표기록기는 실패작이 되었다.
에디슨은 여기서 큰 교훈을 얻었다. 사람들이 필요로 하지 않는 발명에는 연연하지 말라는 것이었다.

에디슨은 1869년에 전업 발명가(full-time inventor)가 되겠다고 선언했고 1870년에는 전신 장비를 만드는 공장을 차렸다. 1870년대 초반에 에디슨은 웨스턴 유니언 전신(Western Union Telegraph)을 비롯한 여러 기업의 의뢰를 받아 전신기의 발명이나 개량에 집중했는데, 그가 발명한 전신기에는 인쇄전신기, 자동전신기, 사중전신기 등이 있었다.

에디슨은 일생동안 2,000여 가지 발명을 하였고, 이러한 그의 성공 뒤에는 어머니의 끝없는 헌신과 후원이 있었다.

## 3. 친구와 함께한 성공

– 이 세상을 살면서 무슨 일이 있어도 나를 믿어주고
내가 그를 위하여 목숨까지 줄 수 있는 친구를 가졌다면
그는 성공한 사람이다. –저 자 –

세상을 살아가는데 사람보다 더 큰 재산이 없으니 사람을 중히 여겨야 한다.

좋은 사람을 많이 얻고 사귄 사람은 번창하고, 그렇지 못한 사람은 망한다.

사람의 자질이 아름답다고 해도 활용해서 쓸 만한 인재가 되려면 반드시 친구가 도와주어야 한다.

친구가 어질지 못하면 서툰 목수가 재목을 다듬고 솜씨 없는 장인이 옥을 다듬는 것과 같아서 반드시 인재가 되지 못할 것이다. 새는 양 날개가 없으면 날지 못한다. 사람은 한 손만으론 생활하기 어렵다. 이처럼 서로 의지해서 살아가는 관계가 붕우이고 친구이다.

한쪽이 어려우면 도와야 하고, 부족하면 메워 주는 사람이 친구이다. 그저 함께 먹고 마시며 노는 사이를 두고 친구라 하지는 않는다.

요즘은 서로 대충 수인사만 하고 비슷한 또래이기만 하면 곧바로 친구라 하는데 옳지 못한 일이다. 가족과 더불어 나와 평생을 같이 하는 사람을

친구라 한다.

그러하기에 어떤 사람을 친구로 삼느냐에 따라 일생이 좌우될 수도 있다. 인정이 많고 성실하고 거짓이 없고, 나의 잘못을 지적해 주는 사람은 유익한 친구이고, 아첨하고 경박하며 오만하고 함부로 행동하고 말하여 나쁜 짓을 하도록 유인하는 사람은 해로운 친구이다.

수많은 사람들 속에 놀면서 제일가는 사람과 벗을 삼지 못하면 큰 뜻을 펼 수가 없다. 그러나 자신이 제일가는 사람이 된 다음에 제일가는 사람이 찾아오는 것이니 제일가는 사람과 벗 삼고자 한다면 먼저 자신을 제일가는 사람이 되도록 노력해야 한다.

"농사를 지으면 그 이익이 열 배가 된다." "장사를 하면 그 이익이 백배가 된다."

"그렇다면 좋은 사람을 친구로 사귀어 그 사람의 마음을 얻는다면 그 이익은 돈으로 계산할 수 없다."

좋고 뛰어난 사람을 친구로 얻는 것은 기화가거[奇貨可居] 《진기한 물건은 사서 잘 보관해두면 장차 큰 이득을 본다》 보다 더 크고 중요하니 반드시 그런 사람을 얻거나 사귀도록 하여야 한다.

좋은 친구를 많이 가졌다는 것은 반은 성공을 한 것이나 다름없다.

인생이라는 항해에서 인간관계는 매우 중요하다. 혼자서 험난한 파도를 헤치고 나아가기란 무척이나 힘든 일이기 때문이다. 아무리 재능이 뛰어나고 기회적 혜택을 받았더라도 인간관계가 원만하지 못하면 인생여정은 행복하지 못하다.

### * 짚신 장사에서 황제가 된 유비

유비의 아버지는 관리였으나 유비가 어렸을 때 죽었다. 그 바람에 홀어머니 밑에서 자라게 되니 집안은 가난하고 제대로 배울 수조차 없었다. 자연 살기가 어려워 어렸을 때 짚신을 삼고 돗자리를 짜 그것을 팔아 살림을 도왔다.

유비는 마음이 착하고 예의가 바르며, 성실하고 친절하였다. 유비는 사람이 재산이라는 노인의 가르침을 받고, 주위의 모든 사람을 공손하게 잘 대하고, 어떻게든 많은 사람을 사귀고 싶었다.

유비가 장비를 만난 것은 돗자리와 짚신을 시장에 팔러갔을 때였다. 장비는 원래 연나라 사람으로 명문의 후예였으나 다섯 살 때 집안이 환관들의 당고의 화에 연루되어 집안이 풍비박산이 되고, 늙은 가복이 어린 그를 거두어 탁현의 저자 거리에 숨어 살게 되었다.

가복은 술과 돼지고기를 파는 등 장사를 하여 장비를 아들같이 길렀는데 장비가 열다섯이 되기도 전에 죽어 장비는 가복의 장사를 이어 받아 하면서 시장의 불량배로 자랐다.

유비보다 다섯 살 아래인 장비는 힘이 장사로 시장에서 술주정뱅이에다 깡패로 악명이 높았으며, 처음 본 유비에게도 자릿세를 요구하였고, 유비는 군 말 없이 장비에게 돈을 주고 술을 사 주었다.

고분고분 말을 잘 듣는 덕분에 유비와 장비는 서로 잘 아는 사이가 되었다. 특히 유비는 어떻게든 장비 같은 힘 있는 사람을 꼭 사귀고 싶었다.

장비는 그 시장 바닥에서 말장수의 뒷배를 봐주고 돈을 받거나 돈 많은 장사치들의 물건 호송 등을 도와 돈을 받고 있었고, 그 유별난 힘과 난폭함으로 저자거리를 휩쓸고 있었다.

현의 관리들도 그의 힘이 두려워 웬만한 횡포는 눈감아 주었는데 어느 날 장비가 술에 만취하여 그가 사는 동네의 관리를 초죽음 시킬 정도로 두들겨 패는 일이 벌어졌다. 그 동네 현의 사또는 유비와 같이 동문수학한 공손찬 이었다.

공손찬은 술에 취하여 날뛰는 장비를 군사를 풀어 잡아들이려 하였으나 워낙 힘이 장사라 어떻게 하지 못하고 있다가 장비가 술에 곯아 떨어져 잠이 든 뒤에야 장비를 잡을 수 있었다.

평소 공손찬은 장비의 행동과 행패를 못 마땅히 여기고 있었는데 이번에 관리를 폭행 한 죄를 물어 사형하려고 마음먹었다. 그런 소식을 들은 유비는 장비를 사귈 절호의 기회라 생각하고, 한편으로 장비를 감옥으로 찾아가 만나고, 또 사또인 공손찬을 찾아가 장비의 구명 운동을 하였다. 그 결과 장비의 죄는 사형에서 벌금형으로 바뀌었고, 유비가 마련한 약간의 돈과 장비가 가지고 있는 돈을 주고 풀려 날 수 있었다.

장비는 술에 취하면 천하의 개망나니였지만 깨어나면 은혜도 알고 의리도 아는 위인이었다.

이때부터 장비는 유비를 자기 생명의 은인이라 생각하고, 유비가 자기보다 나이가 더 많다는 것을 알고 형님으로 깍듯이 모셨다.

유비와 장비의 만남은 유비에 있어 인생의 커다란 전환점이자 여러 가지로 의미 깊은 일이 되었다.

유비는 당대의 지도자들에게 필수였던 병법과 무

예에 대하여 어느 정도 알고는 있었지만 병법은 시골 저자거리 깡패집단 주도권 싸움에 응용할 만큼 밝고 세밀하지 못했으며, 무예 또한 그저 겨우 자기 몸 하나 호신 할 정도에도 미치지 못하였다.

그러나 장비는 이미 탁군의 그 지방시장에서 깡패두목으로 이름이 유명하였고, 그를 따르는 얼마간의 똘마니들도 있었다. 따라서 장비가 유비를 형님으로 모시자 유비의 그런 단점이 당장 보완되고 자연스럽게 깡패 두목의 반열에 오르게 되었다.

유비가 장비와 손을 잡아 깡패 두목이 되자 탁군 시장의 여러 가지 이권이 자연 유비와 장비의 손안에서 조정되었으며, 그 동네의 부호들은 터놓고 유비를 지원하며 도적들로부터 자신의 보호를 요청하였다.

특히 탁군의 말장수인 장세평 같은 사람은 터놓고 이권의 얼마를 장비에게 주며, 말장사의 독점과 장사 길의 안전에 대하여 뒤를 봐 달라고 하였다.

그런데 중산국의 소쌍이라는 말장수가 탁군의 말시장을 노리고, 말을 팔러 오자 소쌍의 패거리와 장비의 패거리 간의 난투극이 벌어졌다.

유비는 싸움을 하지 말도록 장비를 말렸으나 돈을 받고 말장수의 뒷배를 봐주고 있는 장비는 유비의 말을 듣지 않았다.

장비가 자신의 장팔사모를 들고 싸우러 갔다는 소식을 장비의 똘마니로부터 전해 들은 유비가 황급히 장비가 싸우는 곳으로 가보니 두 사람의 무기 부딪치는 소리와 기합소리가 요란했다. 장비의 똘마니 몇이 장비를 도울 요량으로 멀리서 병장기를 들고 섰고, 반대편에는 상대방 똘마니들 역시 병장기를 들고 서 있었다.

장비가 한 마리의 성난 호랑이를 연상시킨다면 상대는 구름 속에 몸을 반쯤 감춘 한 마리의 신비스런 용을 연상하게 했다.

여덟 자 키에 다부진 몸매, 범의 머리에 고리눈을 부릅뜨고 수염과 머리는 올올히 곤두선 채 우뢰같은 기합을 내지르는 야차 같은 장비의 창을 한 자루 긴 청룡도로 받아치는 상대는 보통 사람이 아니었다.

장비의 상대는 긴 청룡도를 들고 얼굴은 무르익은 대추 빛이요, 검은 수염은 가슴까지 드리운 장한에 키는 아홉 자나 되었다.

유비는 그런 두 사람의 싸우는 모습을 보자 무언가 잘못되었다는 느낌이 들었다. 그러나 이내 두 사람의 귀신같은 무예솜씨에 그곳에서 구경하는 똘마니들과 같이 넋을 잃고 말았다.

그러다가 장비가 내지르는 우뢰 같은 기합소리에 퍼뜩 정신이 들었다. 둘의 싸움을 그대로 놓아두었다가는 둘 중 하나가 필경 살아남지 못할 것 같았다.

그래서 싸움을 말리려고 생각을 하고 있다가 잠깐 둘이 무기를 부딪치며 몸을 피한 틈을 타서 장비에게 싸움을 그만 두라고 하였다.

그리고 상대를 보니 어디서 많이 본적이 있는 사람이었다. 기억을 더듬어 보니 노식 선생에게서 글을 배울 때 잠깐 본적이 있는 것 같았다.

그래서 상대에게 알은체를 했고, 상대도 그를 알아보았다. 거기서 유비는 두 사람이 왜 싸우는지 물어보니 상대는 "장사치가 물건을 사고파는 장소와 때는 나라도 간섭을 않는데 이 탁군 시장의 말장수라는 간상이 독점을 한다기에 내가 그 이치를 알려 주려 했는데 말을 듣지 않아 이 청룡도로 가르쳐 줄려고 했을 뿐이오" 하고 말하자, 유비가 "그 일이라면 나에게 맡겨주시오. 좋은 해결책이 있을 것입니다."

그러자 장비가 펄쩍 뛰며 무슨 말이냐고 하면서 "형님은 장대인의 그 같은 후의를 입고도 이놈에게

장바닥을 빌려 주려는 것이요." 하며 반발 하였다.

그러자 유비가 장비를 타이르며 상대에게 말하기를 "과거 그대가 노식 선생님에게 묻던 좌전이 힘주어 말하는 것은 대의와 명분이라고 했오."

그런데 그대도 "소쌍이라는 장사치의 뒤를 봐주고 거기서 얻는 이익 때문에 칼을 빼든 것이니 두 사람이 서로 다르게 뭐가 있겠소." 하며 둘을 설득하니 둘이 서로 얼굴을 보며 유비의 그런 설득에 더 싸움을 할 의사를 접었다.

그리고 서로 이렇게 알게 된 것도 큰 인연이니 서로 통성명이라도 하고 지내자 하며 유비가 먼저 자기소개를 하였다.

저는 한실의 종친인 성은 유요 이름은 비이고 자는 현덕입니다. 대대로 이 탁군에서 살았소. 다행히 오늘 인연이 닿아 공을 만나게 된 것을 영광으로 생각합니다.

그러자 관우는 청룡도를 땅에 꽂고 공손히 두 손을 모으고, 소생의 보잘 것 없는 이름은 관우요. 자는 본시 장생이었으나 요즘은 고쳐 운장으로 쓰고 있습니다.

하동 해량 현이 고향인데, 어떤 일로 고향을 떠

나 여기저기 떠돌이로 살고 있소.

그러자 유비는 장비를 가리키며 "저기 내 아우는 이름은 장비고, 자는 익덕이며 본시 연땅 명문의 피를 받았으나 난세를 만나 간신배의 농간으로 일족을 잃고 어릴 때부터 여기서 자랐소이다."

"성품이 좀 과한대가 있으나 불의를 보면 참지 못하는 의리의 사나이로 서로 벗하여 지내더라도 허물은 없을 것이요." 하며, 오늘 이 자리는 귀한 자리이니 "내가 술 한 잔사겠으니 시간이 되면 같이 가서 술 한 잔하며 서로 좋은 의견을 나눴으면 좋겠다"고 하니, 장비는 술을 좋아하여 좋다고 하고, 상대인 관우도 좋다고 하여 서로 술집으로 이동하였다.

유비가 관우에게 소쌍의 말도 탁현으로 끌고 들어오도록 하고, 한편으로 소쌍과 장세평도 술집으로 오도록 하였다.

유비의 공손하고 예의 바른 행동에 모두 한마음이 되어 술을 마셨고, 뒤이어 참석한 장세평만 소쌍과 같이 말장사하는 것이 못마땅했지만 유비와 장비가 뒷배를 봐주지 않으면 어쩔 도리가 없어 마지못해 술자리를 하며 소쌍과 같이 장사하는 것을 승낙 하였다.

그리고 한편으로는 유비와 장비 관우는 서로 매일 만나 어울려 지냈고, 특히 장비와 관우는 서로의 무예를 뽐내며 같이 훈련을 하니 탁현에서 당할 자가 없었다.

셋은 같이 만나 서로 세상 이야기를 하고 어떻게 하면 출세 할 수 있을지 서로의 생각을 터놓고 지냈다.

이 자리에서 만난 소쌍과 장세평은 이후 유비의 삼형제가 황건적을 토벌하기 위하여 의용군을 모집했을 때 말을 주고, 무기를 구입할 수 있는 군자금을 마련해 주기도 하였다.

후한(後漢) 말 환관의 발호로 정치가 어지럽자 생활고에 시달리던 농민들은 새로운 살길을 찾게 되었다.

신흥 종교인 태평도(太平道)의 교주 장각(張角)은 이러한 틈을 이용해 세력을 넓히고 난을 일으켰다. 이것이 후한을 멸망시킨 황건적의 난이다. 조정에서는 하진을 대장군으로 삼아 이를 진압하려 했으나 미치지 못하자 각 지방에 의병을 모집하는 방을 붙이게 하였다.

유주(幽州) 탁군에 살던 유비(劉備)는 이 방문을 보자 가슴이 뛰었다. 그는 평소에 큰 일을 하고 싶어 했으며, 일찍이 낙양에 차를 사러 갔다가 황건적 무리의 횡포를 직접 체험하기도 했던 것이다.

그러나 의욕만 앞설 뿐 어찌해야 할 바를 몰라 한숨만 쉬고 있었다. 그러자 옆에 있던 관우와 장비가 무슨 걱정 때문에 한숨을 쉬느냐고 하며, 셋이 같이 의병으로 참가하여 나라에 충성을 하자고 하자 모두 좋다고 하며, 뜻이 같음을 알고 이야기를 나누기 위해 가까운 주막으로 자리를 옮겼다.

서로 의기가 투합하자 장비가 전쟁터에 나가는데 우리가 그냥 덜렁덜렁 갈 것이 아니라 서로 형제의 의를 맺자고 하였다, 장비가 "우리 집 뒤뜰에 복숭아밭이 있는데 지금 꽃이 만발했으니 그곳에서 우리 셋이 의형제를 맺는 것이 어떻겠소?" "좋은 생각이오!"

유비와 관우 모두 좋다고 하니 그 다음날 셋이 만나 형제의 의를 맺고 피를 나누는 도원결의를 하였다.

"우리가 이런 곳에서 형제의 결의를 맺다니 정말 꿈만 같소!" "나이를 따져보니, 관우인 내가 맏형이요."

그러나 관우는 “유비가 한실의 종친이고 우리의 싸움도 중재하여 주었고, 배운 것도 많으니 큰 형님으로 하고 그 다음은 내가 둘째고 나이 어린 장비가 막내가 되면 좋겠다."고 하니 서로 모두 좋다고 하여 그렇게 하였다.

관우가 "그럼 유비를 형님으로 모시겠습니다."하자 장비가 "그럼 제가 막내군요." 하여 형제의 서열을 정한 후 유비는 표문을 읽기 시작했다.

유비와 관우, 장비는 비록 성은 다르다 할지라도 이미 의형제가 되었으니, 곧 마음을 한 가지로 하고 힘을 합쳐 곤란함을 구원하고 위태로움을 도와, 위로는 나라에 보답하고 아래로는 만민을 편안케 할 것이다.

같은 해 같은 달 같은 날에 태어나지는 않았으나 한 해 한 달 한 날에 죽기를 원하니 하늘과 땅의 신령께서는 이 뜻을 굽어 살피소서.

만일 우리들 중에 의리를 배반하고 은혜를 잊는 자가 있다면 하늘과 사람이 함께 죽여 주소서.

이렇게 하여 세 사람은 형제보다 더한 의리와 지조로 세상 사람들의 본보기가 되었고, 이 도원결의야 말로 장차 유비가 촉나라를 세우는 원동력이 되었다.

유비는 형제와 다름없는 친구들 덕택에 일개 돗자리 장수에서 황제가 될 수 있었다.

### * 세계를 정복한 징기스칸

징기즈 칸이란 명칭은 여러 가지 설이 있는데 고대 투르크 어인 텡기스(바다)의 방언이었다고도 하고, 1206년 즉위하였을 때 5색의 서조(瑞鳥)가 '칭기즈, 칭기즈' 하고 울었다는 데서 유래되었다고 하며, 샤머니즘의 '광명의 신(Hajir Chingis Tengri)'의 이름이라고 주장하기도 한다. 서기 1189년경 몽골 씨족연합의 맹주(盟主)에 추대되어 징기즈 칸이란 칭호를 받게 되었다.

징기스 칸은 1162년경 오늘날의 몽골과 시베리아 지역이 맞닿은 곳 근처, 오논 강 유역 숲에서 아버지인 보르지긴 씨족 예수게이와 어머니인 올크누트 부족 출신 후엘룬 사이에서 태어났다.

징기스 칸의 아버지는 징기스 칸이 아홉 살 때 적들에게 독살 당하였다. 그 아버지가 죽은 후 두 아내와 10살이 안 된 자식 일곱 명이 남겨졌다. 12세기 당시 초원 지대에는 수십 개 부족과 씨족들이 전투, 사냥, 유목, 약탈, 납치, 교역 등으로 생존을 이어가고 있었다.

징기스 칸의 가족은 오논 강 유역에서 사냥과

채집으로 겨우 연명하며 고난의 세월을 보냈다. 징기스 칸은 아버지가 없어 너무 가난 하였고 아홉 살 때 마을에서 쫓겨났다.

그러나 그는 집안이 가난하고 아버지가 없는 것을 탓하지 않았다. 어떻게든 살아남는 것이 지상의 과제였다.

그는 들쥐를 잡아먹으며 연명했고, 살던 땅에서는 시든 나무마다 비린내, 마른 나무마다 누린내만 났다.

그는 어려서는 이복형제와 싸우면서 자랐고, 커서는 사촌과 육촌의 배신 속에서 살아남기 위하여 노력하며 모든 사람들을 두려워했다.

그는 그의 아버지가 부족장이었던 만큼 천신만고 끝에 부족장이 된 뒤에도 가난한 백성들을 위해 적진을 누비며 먹을 것을 찾아 다녔으며 먹을 것을 훔치고 빼앗기 위해 수많은 전쟁을 벌였다.

그러나 그는 가난하다고 절망하지 않았으며 살아남기 위해서 목숨을 건 전쟁이 직업이었고, 그의 유일한 삶을 위한 길이었다.

그의 부족은 작고 가난한 부족이었지만 징기스 칸이 있는 것을 영광으로 여겼다. 그는 그림자 말고는 친구도 없고, 꼬리 말고는 채찍도 없는데서 자랐다.

그는 몽골 부족을 하나하나 정복하여 갔으며, 적은 몽골 인들을 모아 세계를 정복했다. 그가 동원 할 수 있는 몽골인은 병사로만 10만, 백성은 어린애 노인까지 합쳐 2백만도 되지 않았다.

그가 말을 타고 달리기에 세상이 너무 좁았다고 말 할 수는 있어도 결코 자신이 큰 것은 아니라고 생각했다.

그는 글이라고는 이름도 쓸 줄 몰랐고, 학교는 문턱도 가보지 못했으며, 배운 것은 자연과 전쟁을 통해서 배운 것 외에는 아무것도 없었다. 그는 지혜로움에는 친구인 안다 자모카를 당 할 수 없었으며, 힘으로는 동생 카사르한테도 졌다. 그 대신 항상 남의 말에 귀 기울이면서 현명해지는 방법을 스스로 깨우치고 배웠다.

그는 힘이 없기 때문에 평생 친구와 동지들을 많이 사귀기 위하여 노력했다. 그 결과 그들은 징기스 칸을 위해 목숨을 바쳤고, 비가 오는 들판에서 밤새도록 비를 막아주고, 끼니도 굶으며 징기스 칸을 지켜주며 도왔다. 징기스 칸 역시 그들을 위해 목숨을 걸고 전쟁터를 누볐고, 그들을 위해 의리를 지켰다.

너무 막막하고 그래서 포기해야겠다는 마음으로 모든게 절망적일 때에도 그는 희망을 잃지 않았다.

그는 목에 칼을 쓰고도 탈출했고, 땡볕이 내리쬐는 더운 여름날 양털 속에 하루 종일 숨어 땀을 비 오듯이 흘리며 숨어 지낸 적도 있었다.

빰에 화살을 맞고 죽었다 살아나기도 했고, 가슴에 화살을 맞고 꼬리가 빠져라 도망친 적도 있었다. 적에게 포위되어 빗발치는 화살을 칼로 쳐내며, 어떤 것은 미처 막지 못해 내 부하들이 대신 몸으로 맞으면서 탈출한 적도 있었다.

그는 전쟁을 할 때면 언제나 죽음을 무릅쓰며 싸웠고, 그래서 마지막에는 반드시 이겼다.

무슨 말이 더 필요한가!

극도의 절망감과 죽음의 공포가 얼마나 큰 힘을 발휘하는지 아는가!

그는 사랑하는 아내가 납치 되었을 때도, 아내가 남의 자식을 낳았을 때도 눈을 감지 않았다. 숨죽이는 분노가 더 무섭다는 것을 적들은 알지 못하였다.

그는 전쟁에 져서 자식들과 부하들이 뿔뿔히 흩어져 돌아오지 못하는 참담한 현실 속에서도 절망하지 않고 더 큰 복수를 결심했다. 군사 100명으로 적군 만 명과 마주쳤을 때에도 바위처럼 꿈쩍하지 않았다. 숨이 끊어지기 전에는 어떤 악조건 속에서도 포기하지 않았다.

그는 죽기도 전에 먼저 스스로 죽는 사람을 경멸하고 중도에서 포기하는 사람들을 욕했다.

숨을 쉴 수 있는 한 희망을 버리지 않았다.

그는 흘러가 버린 과거에 매달리지 않고 아직 결정되지 않은 미래를 개척해 나갔다. 알고 보니 적은 밖에 있는 것이 아니라 내 안에 있었다.

그는 자신의 마음속에 남아있는 내부의 적과 거추장스러운 것은 깡그리 쓸어버렸다.

그는 자신과 목숨을 같이한 동지들과 처자식들이 부드러운 비단옷을 입고, 빛나는 보석으로 치장하고, 진귀한 음식을 실컷 먹는 것을 꿈꾸었다.

그는 죽을 때까지 쉬지 않고 노력한 끝에 그 꿈을 이루었다. 아니 그 꿈을 향해 미쳐서 달렸을 뿐이다.

자기 자신을 극복하는 그 순간 그는 징기즈칸이 되었고, 그 꿈이 이루어 졌다.

징기스 칸은 지금의 러시아 지역의 대부분을 제패하고 중국과 고려, 몽골지방까지 그 지배하에 두었다.

서양으로 진출하여 두터운 갑주로 무장한 서양 기사들과 싸운 헝가리 회전에서 대승을 거두고 서부 유럽까지 제패할 수도 있었지만 갑작스러운 죽음으로 인해 지금의 서부 유럽 영국 독일 프랑스쪽 나라들은 무사할 수 있었다. 아마 그가 계속 살아 있었다면 서부 유럽에도 몽골풍습이 남아 있었을 것이다.

### × 아이폰을 만든 스티브 잡스

스티브 잡스(Steve Jobs, 1955.2.24 ~ 2011 .10.5)는 미국 캘리포니아 주 샌프란시스코에서 미국인 어머니와 시리아계 아버지 사이에서 태어났다. 생부 압둘파타 존 잔달리는 시리아 정치학부 이민자로 후에 정치학과 교수가 되었다.

그들은 결혼하지 않은 상태이었으므로 당시 잡스의 생모는 아버지의 반대로 잔달리와 헤어진 상태였으므로, 잡스가 태어나자마자 그를 입양 보내려 했다.

이에 잡스는 친부모와 헤어져 폴 잡스와 클래라 잡스 부부에게 입양된 불우한 과거를 지니고 있었는데, 처음부터 유복한 가정에서 태어났던 빌 게이츠와는 다른 환경에서 자랐다.

스티브잡스라는 이름도 양부모가 지어준 것이다.

폴 잡스 부부는 양아들인 스티브잡스를 자신의 아들이라고 생각하고 열심히 키웠으나 어렸을 때 잡스는 부모 속을 많이 태우는 아이였다고 한다.

아버지 폴의 말에 따르면 스티브는 그렇게까지 천재성을 보이지 않았다고 한다.

어린 시절 잡스는 누구의 눈에나 뜨일 정도로 대단한 아이는 아니었고, 성격도 어른이 안된 사춘기 소년 같았다.

고아라고 아이들이 놀리는 바람에 아이들과 노는 대신 차고에서 안 쓰는 부품을 모아 뭔가를 만드는 걸 좋아했다고 한다.

어느 날 스티브 잡스가 라디오를 망가뜨린 것을 발견했지만 그의 부모는 다시 고쳐 놓겠다는 말을 믿고 크게 나무라지 않았다.

약속대로 그는 라디오를 제대로 고쳐놓았고, 이후 그는 집안에 있는 기계들을 해체했다가 조립하길 반복하면서 기계가 작동하는 원리를 스스로 터득하게 된다.

그는 통신사의 주파수를 훔쳐서 공짜 전화를 걸 수 있는 기계를 만들어 파는 등 기계를 가까이 하며 전에 없던 새로운 것들에 대한 생각을 다지기 시작한다.

잡스의 사업가 인생은 고등학교 때 전자공학에 관심을 가지면서 시작되었다.
별 볼일 없고 꿈 없이 살던 잡스는 갑자기 전자공학에 관심이 생기기 시작했고, HP(휴렛패커드)사에서 방과 후 수업을 들었다.

남은 기간 동안 열심히 공부해 1972년 고등학교를 졸업한 후 HP사에 여름 인턴으로 채용되었고, 그는 그곳에서 전자공학에 관한 많은 지식을 얻었다.

그는 우연히 수영장에서 수영을 하다가 워즈니악의 동생을 만나 어울리게 된다. 워즈니악의 동생은 스티브잡스가 전자공학에 많은 관심이 있고 뛰어나다는 것을 알고 형인 워즈니악을 소개해 주었다.

애플을 같이 세운 동업자이자 고등학교 선배인 천재 워즈니악과 스티브잡스와의 만남은 두 사람의 운명을 바꾸어 놓았고 컴퓨터에 있어서 새로운 세계를 여는 첫걸음이 되었다.

위즈니악은 괴짜 천재로 알려져 있다.

그는 단순히 기술에 미친 천재가 아니라 따뜻한 인간미 넘치는 엔지니어로 그의 현재의 모습을 갖게 된 데는 아버지의 영향이 매우 컸다고 한다.

그의 아버지는 엔지니어였는데 언제나 어린

아들이 질문하면 알기 쉬운 방법으로 원리를 설명해 주었다고 한다.

위즈니악이 전자분야에 흥미를 가지고 소질을 발휘하게 된 것도, 엔지니어 본래의 모습에서 벗어나지 않는 인생을 살게 된 것도 아버지의 이 같은 '아들에 대한 사랑과 집념'때문이었다. 적지 않은 한국의 부모들이 성적만 잘 나오도록 강요하는 방식과는 많은 차이를 느낄 수 있다.

스티브 잡스는 HP(휴렛 패커드)사의 인턴이 끝나자 풍족하지 못한 집안 형편 때문에 내심 대학에 진학하지 않으려고, 서부에서 등록금이 비싸기로 유명한 리드 대학에 진학하겠다고 고집을 부렸다. 경제적 부담을 이용해서 부모를 포기시키려 한 것이다.

그러나 부모가 학비를 마련해 준다고 하자, 실용성하고는 담을 쌓은 철학과를 선택한다.

자신의 의도가 좌절된 것이 너무 화가 나서 잡스는 대학으로 떠나올 때 인사는 커녕 부모의 눈도 마주치지 않았다고 한다.

잡스 전기에 따르면 이 일이 인생에서 가장 후회되는 일이라고 하였다. 또, 리드 대학 중퇴의 중요한 이유는 최근 스탠퍼드 대학에서의 연설에 의하면 부모님의 저축을 몽땅 투자

할 만큼 자신의 대학생활이 가치 있지 않다고 생각해서였다.

잡스의 전공은 철학이었는데, 대학을 중퇴하였지만 많은 교양 수업을 청강한 것이 나중에 인생을 살아가는데 많은 도움이 되었다고 한다. 특히 나중에 UI용 글씨체를 디자인할 때 서예 강의가 큰 도움이 되었다고 한다.

동양철학에 특히 관심을 보였는데 그 영향으로 종교는 불교. 결혼할 때도 '고분치노'라는 일본인 스님이 주례를 섰다고 한다.

그 뒤 1년 정도 문학과 철학에 심취해 있다가, 우연한 기회로 아타리(게임회사)에 게임 디자이너로 취직하게 된다.

그곳에서 퐁(Pong)과 같은 초기 비디오 게임에 빠져버린 잡스는 컴퓨터에 큰 관심을 가지게 되었고, 아타리에서 또 1년도 못 채우고 사표를 냈다.

그 때 워즈니악은 아직 HP에서 일하고 있었는데, 그가 운영하고 있던 '손수 컴퓨터 만들기 클럽'에 가입한 잡스는 컴퓨터에 완전히 빠져들었고, 그 후 워즈니악과 잡스는 서로 친구가 되기로 약속하고 의기투합하여 직접 컴퓨터 제작에 착수, 1976년 애플I 이라는 PC역사상에 길이 남을 기종의 첫 번째 프로토콜타입을 롤아웃 한다.

비록 나무 케이스에 모니터조차 없는 투박한 플라스틱 기판과 실리콘칩 덩어리였지만, 큰 반향을 일으키며 그들에게 꽤 많은 돈을 안겨주었다. 「워즈니악의 아버지는 "왜 놀고먹는 백수(잡스)와 45:45로 나누느냐?!"라고 했다고 한다.」

처음 애플I을 개발했을 때 당연히 이것을 받아주려는 가게는 없었는데 이때 컴퓨터라는 것은 큰 회사나 대학, 정부기관에서만 쓰는게 일반적이었고 PC라는 것이 어떤 것인지 정의도 되어있지 않던 시절이다.

그런데 잡스가 이것을 한 가게에 자신의 유창한 영업실력으로 팔기로 구두계약을 하고 생산을 했는데, 애플 I 의 사진을 찾아보면 알겠지만 모니터고 뭐도 없이 요즘으로 치면 컴퓨터 본체만 있는 기기다. 당연히 모니터와 기타 입력장치가 있을 것으로 예상했던 주인은 당황하지만 대인배적인 마음으로 그걸 그대로 산다.

사실 애플 I은 거의 '기판만 있는' 수준의 물건이라 케이스 등은 스스로 만들어야 하므로 거의 요즘으로 보면 '기판 키트' 수준의 물건이었다.

대량 생산되지도 않았고 동네 상점에다가 영업망을 뚫어서 판매했다.

구조에 대해서 제대로 아는 사람이 없어서 워즈니악만이 A/S 업무를 할 수 있었다. 제대로 상업적으로 출시된 제품이라고 보기는 어렵다.

애플Ⅱ가 예상 밖의 성공을 거두며 스티브 잡스는 25살이라는 어린 나이에도 불구하고 백만장자의 대열에 오른다. 하지만 이후 새로운 컴퓨터 개발에 실패하며 30살이 되던 해에 자신이 설립한 애플의 이사회에서 그는 해고된다.

하지만 그는 여기서 멈추지 않고 넥스트사를 설립, 픽사를 인수하여 자신만의 확고한 생각을 가지고 전에 없던 새로운 제품 개발에 힘쓴다. 해고 된지 13년 만에 애플의 경영자로 복귀한 스티브 잡스는 매킨토시를 기반으로 한 파격적인 디자인의 개인 컴퓨터를 선보이고, 2001년 아이팟을 출시하여 전 세계인의 생활 양상을 바꿔놓는다. 개인 컴퓨터부터 새로운 형식의 맥 북, 아이 팟, 아이 폰과 아이 패드까지 그가 개발한 모든 제품이 세기의 혁명으로 떠올랐다.

**×영원히 변치 않는 참된 우정 관포지교.**

춘추시대 제(齊)나라에 관중과 포숙이라는 두 사람이 있었다.

당시 제나라는 폭군 양공으로 인해 혼란에 빠져 있어 결국 공자 규는 관중과 함께 노나라로 망명했고, 규의 동생인 소백은 포숙과 함께 거나라로 망명했다.

이후 양공이 권력 쟁탈전 끝에 살해되고 나라는 혼란이 계속되어 군주의 자리가 비게 되었다. 그러자 두 공자는 서로 왕위에 오르기 위해 서둘러 귀국길에 오르고 공자 규는 관중을 보내 귀국길에 오른 소백을 암살하고 느긋하게 귀국길에 올랐다.

그러나 소백은 천만다행(千萬多幸)으로 관중이 쏜 화살이 허리띠에 맞아 목숨을 구했고 부랴부랴 귀국해 군주의 자리를 차지하였다.

결국 소백에게 잡힌 규는 자결하였고 관중은 사형 집행을 눈앞에 두었다. 이때 포숙이 나서서 소백에게 말하기를

"전하, 전하께서 제나라에 만족하신다면 신으로 충분할 것입니다. 그러나 천하의 패자가 되고자 하신다면 관중 외에는 인물이 없을 것입니다. 부디 그를 등용하십시오."

결국 관중은 자신이 죽이려했던 자 휘하에서 재상이 되었고, 이후 명재상 관중의 보좌를 받은 소백은 제 환공에 올라 춘추5패 가운데 한 사람이 되었다.

그 후 관중은 사람들에게 말하기를 "일찍이 내가 가난할 때 포숙과 함께 장사를 했는데, 이익을 나눌 때 나는 내 몫을 더 크게 했다. 그러나 포숙은 나를 욕심쟁이라고 말하지 않았다. 내가 가난함을 알고 있었기 때문이다. 또한 내가 사업을 하다가 실패하였으나 포숙은 나를 어리석다고 말하지 않았다. 세상 흐름에 따라 이로울 수도 있고 그렇지 않을 수도 있음을 알았기 때문이다.

내가 세 번 벼슬길에 나아갔다가 번번이 쫓겨났으나 포숙은 나를 무능하다고 말하지 않았다. 내가 시대를 만나지 못했음을 알았기 때문이다. 내가 싸움터에 나가 세 번 모두 패하고 도망쳤지만 포숙은 나를 겁쟁이라고 비웃지 않았다. 내게 늙으신 어머니가 계심을 알았기 때문이다. 나를 낳은 이는 부모님이지만 나를 알아준 이는 포숙이다(생아자(生我者) 부모(父母), 지아자(知我者) 포숙아야(鮑叔兒也))." 두 사람은 영원히 변치 않는 우정으로 오래도록 벼슬을 하고 행복하게 살았다.

### × 마이크로소프트 창업자 빌 게이츠

빌 게이츠는 1955년 워싱턴 주 시애틀에서 태어났다. 그의 가정은 상류층으로, 아버지는 저명한 변호사였으며 어머니는 교사이었다고 한다

그의 부모는 그가 법조계에서 일하게 되기를 바랐다.

그는 13세 때 상류층 사립학교인 레이크사이드 스쿨에 입학했다. 8학년이 되었을 때, 학교 어머니회는 자선 바자회에서의 수익금을 텔레타이프라이터 단말기와 제너럴 일렉트릭(GE) 컴퓨터의 사용시간을 구매하는 데 사용하기로 결정하였다.

게이츠는 이 GE 시스템에서 베이직(BASIC)으로 프로그래밍 하는 것에 흥미를 갖게 되었으며, 이에 프로그래밍을 더 연습하기 위해 수학 수업을 면제 받기도 했다. 그는 이 시스템에서 동작하는 틱택토 (Tic Tac Toe) 게임을 만들었는데, 이는 그가 만든 최초의 프로그램으로 사람이 컴퓨터를 상대로 플레이할 수 있게 되어 있었다.

또한 다른 게임인 달 착륙 게임을 만들기도

하였다. 그는 입력된 코드를 언제나 완벽하게 수행하는 이 기계에 매료되었다.

게이츠가 훗날 회고한 바에 따르면, 당시의 기억에 대해 '그때 그 기계는 나에게 정말 굉장한 것 이었다'라고 말했다.

어머니회의 기부금이 바닥나자, 게이츠와 몇몇 학생들은 DEC의 미니컴퓨터의 사용 시간을 샀다.

이 시스템 중 일부는 PDP-10이라는 것으로 컴퓨터 센터 코퍼레이션(CCC)에서 생산된 것이었는데, 훗날 게이츠를 포함한 네 명의 레이크사이드 스쿨 학생(폴 앨런, 릭 와일랜드, 켄트 에번스)은 이 시스템의 운영 체제가 가진 버그를 이용해 공짜로 컴퓨터를 사용한 것이 발각되어 이 회사로부터 사용을 금지당하기도 했다.

심지어는 컴퓨터와 연결된 모든 컴퓨터를 고장 내어서 경찰에 끌려가기도 하였다.

고등학교 졸업 후 하버드 대학으로 진학하여 법학을 전공했다.

1974년 12월의 어느 토요일 오전. 폴 앨런이 하버드대학 교정을 찾았다. 어린 시절 친구인 빌 게이츠를 만나러 온 길이었다.

빌 게이츠와 폴 앨런은 불과 한 해 전만 해

도 머나먼 서부 도시에서 함께 컴퓨터에 대한 꿈을 키워 오던 사이였다.

하지만 빌 게이츠가 한 해 전 레이크사이드 고등학교를 졸업하고 하버드대학에 입학하면서 둘은 멀리 떨어져 살았다. 그와 동시에 함께 뭔가를 개발하는 꿈을 잠시 접어둘 수밖에 없었다.

하버드대학 교정을 거닐던 폴 앨런은 우연히 「파퓰러 일렉트로닉스(Popular Electronics)」 1975년 1월호를 봤다.

당시 앨런의 눈을 사로잡은 것은 이 잡지 1면에 큼지막하게 실려 있던 알테어(Altair) 8800의 사진이었다.

MITS(Micro Instrumentation and Telemetry Systems)가 만든 알테어 8800은 당시만 해도 혁명적인 마이크로컴퓨터로 통했던 제품이다.

당시 잡지에는 "지금까지 선보인 것들 중 가장 강력한 미니컴퓨터 프로젝트-400달러 이하 가격으로 설치할 수 있다"는 설명이 붙어 있었다.

서둘러 잡지를 구입한 폴 앨런은 그 길로 빌 게이츠에게 달려가 알테어 8800을 위한 컴퓨터 언어를 개발해야만 한다고 설득하기 시작했다.

조숙한 컴퓨터 천재였던 둘은 이미 시애틀에 있는 레이크사이드 재학 시절 함께 프로그램을 개발해 본 경험이 있던 터였다.

폴 앨런이 이날 무심코 눈길을 줬던 「파퓰러 일렉트로닉스」란 잡지는 미국뿐 아니라 전 세계 컴퓨터 역사의 흐름을 바꾸어 놓는 거대한 움직임의 시발점이 된 셈이다.

빌 게이츠는 지난 1995년 출간한 『미래로 가는 길』 서문에서 자신들이 처음 컴퓨터 세계에 발을 담갔던 때를 회고하고 있다.

모험이 시작된 것은 대학교 2학년 때다. 어느 날 나는 친구 폴 앨런과 함께 하버드스퀘어에 서서 「파퓰러 일렉트로닉스」 지에 실린 조립 컴퓨터 사진에 눈길을 주고 있었다.

이 최초의 본격 개인용 컴퓨터에 관한 기사는 우리를 흥분으로 몰아넣었다.

폴과 나는 그것이 정확히 어떤 용도로 쓰이게 될지는 몰랐지만, 아무튼 그것이 우리 자신과 컴퓨터 업계를 변화시킬 것이라고 믿었다.

우리의 판단은 옳았다. PC 혁명이 일어났고, 그 혁명의 파고는 수많은 인간의 생활을 바꾸어 놓았다. 우리는 미처 꿈도 꾸지 못했던 세계에 발을 들여놓게 되었다.

폴 앨런이 먼저 빌 게이츠를 설득하기는 했

지만, 사실 그 순서는 크게 의미가 없었다. 둘은 이미 그 이전부터 '컴퓨터 혁명'에 대한 비전을 나누고 있었기 때문이다. 꿈꾸는 것은 자유이지만, 그 꿈을 이루기 위해서는 대가를 지불해야만 한다. 그리고 행동을 개시한 빌 게이츠와 폴 앨런은 그런 점에서 '준비된 자'들이었던 셈이다.

이처럼 「파퓰러 일렉트로닉스」 덕분에 자신들의 꿈을 좀 더 일찍 펼친 빌 게이츠와 폴 앨런은 곧바로 MITS 설립자인 에드 로버츠에게 전화를 걸었다. MITS에 전화를 할 때만 해도 빌 게이츠와 폴 앨런은 베이식 언어를 제대로 개발하지도 않은 상태였다.

일단 MITS의 의사를 타진한 이들은 1975년 2월부터 3월까지 두 달 동안 미친 듯이 작업에 몰두한 끝에 알테어 8800에서 사용할 수 있는 베이식 언어를 만들어 낼 수 있었다.

그리곤 곧바로 뉴멕시코 주 앨버커키에 자리 잡고 있는 MITS사로 날아갔다. 지금 기준으로 생각하면 빌 게이츠와 폴 앨런의 이런 행동은 무모하기 그지없어 보인다.

하지만 당시 빌 게이츠와 폴 앨런은 MITS에 자신들이 개발한 베이식 언어를 판매하고 3,000달러를 받는 데 성공했다. 그들은 또 알테어 8800에 깔려 있는 모든 베이식 프로그램에 대해 일정액의 로열티를 받기로 했다.

여기서 멈추었더라면, 둘은 그냥 컴퓨터 혁명 초기에 잠시 등장하는 인물로 머물렀을 것이다.

하지만 둘의 야심은 그 정도 선에서 끝나지 않았다. 베이식 언어를 판매하기 위해 아예 회사를 하나 만들기로 한 것이었다.

빌 게이츠와 폴 앨런은 회사를 만든 뒤 '작고도 부드러운'이란 뜻의 '마이크로-소프트(Micro-Soft)'란 이름을 붙였다.

그 뒤 앨버커키에 있는 회사를 자신들의 거주지인 시애틀로 옮기면서 중간에 붙어 있는 '하이픈(-)'을 빼고 마이크로소프트로 바꿨다.

이렇게 해서 컴퓨터 혁명을 선두에서 이끈 거대한 소프트웨어 제국이 탄생했다.

폴 앨런이 하버드대학 교정에서 우연히 봤던 「파퓰러 일렉트로닉스」 표지에 실렸던 알테어 8800 사진이 그와 빌 게이츠의 운명까지 바꿔 놓고 말았다.

설립 이후 초기 몇 년 동안만 해도 마이크로소프트는 허술하기 짝이 없었다.

빌 게이츠와 폴 앨런은 열정은 넘쳐흘렀지만, 아직 회사를 운영할 정도의 능력은 갖지 못한 상태였기 때문이었다.

그들은 전문적인 경영자라기보다는 컴퓨터와 소프트웨어에 능통한 기술자일 뿐이었다.

그런 와중에도 둘은 서로 역할 분담을 하면서 회사를 운영해 나갔다. 폴 앨런이 신기술과 제품 개발을 담당했고, 빌 게이츠는 사업과 협상 같은 비즈니스 쪽 일을 맡았다.

초기부터 빌 게이츠의 사업가적 기질이 조금씩 발휘되기 시작했던 셈이다.

이때까지만 해도 빌 게이츠는 하버드를 그만둘 생각은 없었다.

베이식 언어 개발을 위해 휴학계를 내기는 했지만 여전히 학업을 마치겠다는 생각을 가지고 있었다.

하지만 일은 빌 게이츠의 생각대로 진행되지 않았다. 알테어 8800에 베이식 언어를 공급하는 일이 생각처럼 만만하지 않았기 때문이다.

결국 1975년 6월 한 차례 휴학했다가 가을학기에 다시 복학했던 빌 게이츠는 두 번째 휴학계를 낸 뒤로는 다시 학교로 돌아가지 못했다. 그대 그의 부모님은 아들이 그 좋은 대학을 때려치우고 나오겠다고 선언했을 때 조금도 흥분하지 않았다.

게다가 '마이크로컴퓨터'인지 뭔지, 그 당시에

는 거의 대부분의 사람들이 듣지도 보지도 못한 새로운 사업을 시작하겠다고 했을 때에도 부모님은 변함없이 적극적으로 지지해 주셨다.

그가 하버드대학 졸업장을 받은 것은 그로부터 30년이 훌쩍 지난 2007년이었다. 빌 게이츠는 부모님들도 자신의 선택을 적극 지지해 주었다고 고백했다. 이런 점 역시 남다른 꿈을 갖고 있었던 빌 게이츠에게 행운으로 작용했던 것이다.

만약에 빌게이츠에게 폴 앨런이라는 친구와 그를 후원해준 부모가 없었다면 오늘날의 빌 게이츠도 없었을 것이다.

친구는 제2의 나라고 한다.

훌륭하고 좋은 친구를 한 사람이라도 가지고 있다면 그는 분명 인생의 승리자가 될 것이다.

과연 여러분은 여러분과 같이 생명까지도 나눌 친구가 몇 명 있는지 생각해 보고, 그런 친구가 없다면 반드시 그런 친구를 만들도록 노력하라.

## 4. 뛰어난 스승을 만나 이룬 성공

천재가 뛰어난 스승을 만나지 못하여 실패한 경우가
역사에는 너무 많다. -저 자-

청출어람(靑出於藍)은 흔히 제자가 스승보다 더 뛰어남을 비유하는 고사성어다.

하지만 위대한 스승이 있지 않고서야 어찌 뛰어난 제자가 있었을 것인가. 성공을 위한 가장 확실한 보증 수표는 뛰어난 스승을 만나는 것이다.

특히 운동선수나 예술인, 음악이나 미술, 바둑, 골프 등 각종 스포츠나 기예는 뛰어난 스승을 만나지 않고는 최고가 되는데 뭔가 부족함이 있다. 한국여자 골프가 세계를 제패하는 것도 국가대표팀을 만들어 뛰어난 스승들로부터 집중적으로 배우고, 그 배운 것을 과학적으로 훈련하기 때문이다.

태능 선수촌은 한국 스포츠 선수들에게 있어서 가장 뛰어난 스승인 셈이다.

독학을 하여 혼자 모든 것을 깨우치기에는 시간이 너무 많이 걸리고, 잘못된 생각을 가질 수 있다.

줄탁이라는 말이 있다. 줄(啐)은 달걀이 부화하려 할 때 알 속에서 나는 소리를 말하고, 탁(啄)은 어미닭이 그 소리를 듣고 바로 껍질을 쪼아 깨뜨리는 것을 말하는데, 수행승의 역량을 단박 알아차리고 바로 깨달음에 이르게 하는 스승의 예리한 기질을 비유하는 말이다.

스승이 없다면 어찌 쉽게 깨달음을 이룰 수 있겠는가? 어느 누구도 스승 없이 혼자 독학으로 최고의 경지에 이른 사람은 없다.

인류가 만든 최고의 지혜는 학교이다.

학교에서 뛰어난 스승에게 독학 없이 배우는 제도가 바로 오늘날 이런 풍요롭고 최고의 기술과 학문을 가진 사회를 만들었다.

우리나라가 빠른 시간에 세계 선진국의 대열에 합류하게 된 것도 알고 보면 높은 교육열 때문이다.

### × 한국의 바둑 영웅 이창호

이창호는 유복한 집안에서 태어나 어려서부터 부족함 없이 자랐다.

바둑을 처음 할아버지에게 배웠다.

이창호의 할아버지는 전주기우회의 회장직을 맡을 정도로 바둑을 좋아하는 사람이었는데

이창호는 어린 시절 할아버지가 친구 분들과 온종일 방 안에서 바둑을 두는 것을 어깨너머로 구경하다가 이창호는 할아버지에게 자신도 바둑을 가르쳐달라고 졸랐다.

할아버지는 “네가 좀 더 크면 가르쳐 주겠다” 하였지만 어린 시절 고집이 셌다는 이창호는 떼를 쓰며 할아버지에게 바둑을 배워내고야 말았다. 그 이후로 이창호는 집에서 바둑을 두었는데 무더운 여름 땀을 뻘뻘 흘려가면서도 혼자 바둑판 앞에 앉아 몇 시간씩 바둑을 두는 그 끈기는 어려서부터 대단했다.

6개월 정도 할아버지와 바둑을 두던 어린 시절의 이창호는 제법 실력이 오르자 할아버지가 놀러 다니던 동네 기원에 가 바둑을 두게 되었다. 하루 종일 기원에 앉아 기원을 찾아오는 수많은 사람들과 대국을 했는데 할아버지, 할머니, 아저씨, 아줌마, 학생, 너나 할 것 없이 이창호에게는 그들 모두가 스승이었고 친구가 되었다. 할아버지는 이러한 손자의 모습이 대견스러웠고, 친구들과 만날 때면 늘 둘째 손자 자랑을 하였고, 가끔은 손자 녀석을 상대해주어 고맙다며 기원 사람들에게 짜장면을 대접할 때도 있었다. 분명 할아버지는 손자 이창호를 바둑 기사로 키울 생각이었지만 이창호 부모님의 생각은 달랐다. 할아버지가 운영하던 전주의 금은방을 물려받아 운영하고 있던 아버지 이재룡씨는 사실 이창호가 나중에 의사나 공학도가 되기를 원했다. 그때 당시에 바둑이 인기 있었던 것은 맞지만 워낙 예체능이라는 것이 미래가 불투명하기도 하고, 이창호가 어린 나이에 바둑을 잘 두긴 하지만 재능이 그리 뛰어나다고는 생각지 않았다.

괜히 할아버지의 말대로 바둑을 시켰다가 공부도 바둑도 이도저도 아니게 될 까봐 아버지는 늘 노심초사했다. 하지만 할아버지의 결심은 굳어져 갔고, 날로 성장해가는 어린 손자의 손을 붙들고 여러 기원을 돌아다녔다. 동네 기원의 우물 안 개구리가 되어서는 크게 성장할 수 없다는 생각에 뛰어난 사람이 있다는 기원들을 순례했다. 수많은 기원들을 돌아다니며 다른 고수들과 붙으며 손자를 더 성장하게 해주고 싶었다. 그러다 전주에서 열린 전국아마유단자대회에서 우승한 아마 최고수라 불리던 아마 5단 이정옥을 만나 바둑을 배우게 되는데 그가 사실상 이창호의 첫 번째 스승이다.

아무튼 이정옥을 만나게 된 이창호는 매일같이 이정옥을 만나 수 백판을 두며 바둑을 배웠다. 이정옥은 그 당시의 이창호를 회상하며 '묘한 아이'였다고 말한다. 물어보면 따로 바둑을 체계적으로 배우지도 않았는데 수를 기가 막히게 찾고 또 수를 봤는데 거기다 두지 않고 다른 곳에 두고 하는 묘한 생각을 가진 아이였다고 한다.

얼마 후 어린 이창호는 인생을 바꿀 또 한분의 스승과 만남을 갖게 되는데 그 사람은 바로 故전영선 7단과의 만남이다. 이 분이 이창호의 두 번째 스승으로 이창호에게 바둑 기본기를 가르쳐 준 실질적인 스승 중의 한 명이시다. 전영선은 바둑계의 기인으로 통했는데 바지 뒷 춤에 항상 소주병을 두병씩 꽂고 다녀 '쌍권총'이라는 별명으로 통했는데 기풍은 엄청나게 호전적인 전투형의 바둑이라 적당히 타협하며 집을 짓고 이겨서는 바둑이 아니라며 상대를 무시하는 일도 서슴치 않았으며, 바둑 기사의 겸손의 미덕과는 거리가 먼 사람이었지만 1967년 한국바둑선수권전에서 우승을 하기도 했다. 사실 전영선은 당시 프로기사였고 서울에 올라가 활동하고 있었지만 잠시 고향에 내려와 기원에 들렀다가 어린 이창호를 만나 지도대국을 둬보고는 기재에 감탄을 하였다.

이창호 할아버지의 간곡한 부탁에 전영선은 한 달에 한 번씩 전주에 내려와 이창호를 지도해 주었다. 처음에는 6점을 놓고 시작해서 이창호가 전영선과 정선(덤이 없이 하수가 흑으로 먼저 두는 것)을 둘 수 있게 될 때 까지 함께 두었으니 꽤 오랜 시간을 함께 보냈으며,

어린 이창호에게 많은 애정을 쏟았다.

위에서도 말했듯이 호전적 기풍의 전영선은 이창호에게 싸움을 가르쳐 '바둑은 전투이며 투쟁이다. '끊지 않으려면 두지도 마라'는 그만의 투박한 방식이었지만 이창호는 늘 싸움을 피해가는 길을 선택하고, 스승에게 늘 꾸지람을 듣기 일쑤였다. 한 인터뷰에서 이창호는 과거 스승이었던 전영선 사범에게 "수를 내지 않는다고 꾸중을 들었던 것이 아니냐"는 질문에 "수를 내지 않았던 것이 아니라 싸움은 복잡하고 자신이 없어서 싫었다"고 대답을 하였다.

사실 이러한 이창호의 어릴 적 기풍은 성인이 되어서도 똑같이 나타나는데 이 부분이 참 신기하다.

전영선 7단은 조훈현 9단에게 이창호를 내제자로 들이도록 하는데 결정적인 역할을 한 사람이다. 그는 전북 전주 출신의 프로기사로서 2002년에 안타깝게 지병으로 사망했다.

스승이었던 전영선이나 조훈현도 모두 전투에 능한 기사들이었는데 정작 이창호는 전투를 극도로 기피하는 기풍을 지니게 되었다.

이 점 때문에 처음에 전영선 7단은 이창호의 천재성을 반신반의 했다.

바둑에 깊이는 있으나 자신감이 부족하고, 힘

은 있으나 싸우려 하지 않으니 과연 이 아이가 대성할 수 있을까 싶었다.

그렇게 1년이 지난 후 초등학교 2학년 시절 처음으로 어린이 바둑대회에 나가게 돼 예선은 단숨에 통과했지만 아쉽게도 16강에서 당시 6학년 이었던 류시훈을 만나 패배하고 말았다.

이창호는 말 수도 적고 감정 표현도 서툴렀지만 '느끼지 못하는 것'은 아니었다. 어린 이창호에게는 그 날의 패배가 너무나도 크게 다가왔다. 전주 동네에서는 어딜가나 천재라는 소리를 들으며 어른들에게 칭찬만 받으며 지냈는데 막상 대회에 나가보니 자신보다 훨씬 더 잘 두는 아이들이 많이 있었다.

그날 이후로 어린 이창호는 밤늦게 까지 기보를 보며 더욱 바둑공부를 열심히 하였고, 명절날 친척어른들이 모두 모여 집안이 시끌벅적 할 때도 이창호는 방안에 박혀 바둑만을 두었다. 이듬해 84년 1월 육영재단에서 주최한 어깨동무 어린이바둑대회가 서울에서 열리게 되고, 전영선 7단과 함께 서울에 올라가 대회에 참가하게 된다. 이 대회에서는 결승 까지 올라가게 되는데 하필 결승전의 상대가 작년에 이창호에게 쓰라린 패배를 안긴 류시훈이었다.

그런데 이번에는 이창호가 자신보다 네 살이나 많은 류시훈을 꺾어버리고 우승을 차지하였다. 그리고 석달 후 84년 4월에 또 다른 커다란 운명을 만나게 되는데 바로 세 번째 스승인 조훈현 9단과의 만남이다.

바둑인생 최대의 스승, 조훈현 9단에 대하여 프로기사였던 전영선 7단은 이창호의 기재를 꽃 피우기 위해선 반드시 조훈현이어야 한다고 자주 말했다. 결국 조훈현을 찾아가 이창호를 내제자로 들일 것을 부탁하지만, 당시 조훈현은 국내 기전을 모조리 휩쓸며 한국 바둑의 최정상을 달리던 1인자였던 조훈현은 전영선의 부탁을 정중히 거절하였다.

한창 바둑기사로서 왕성히 활동해야 할 30대에 제자를 들인다는 건 말도 안 되는 일이었고

그건 조훈현에게도 이창호에게도 독이 될 수 있는 선택이었으며, 당시 조훈현은 너무 바빴고 이창호를 돌볼 겨를이 없을 것 같았다.

얼마 후 조훈현은 전영선에 이끌려 전주로 이창호를 다시 보기 위해서 내려갔다.

전주 이창호의 집에서 다시 한 번 석 점 지도대국을 두었는데 여기서 조훈현이 졌다.

서울에서 처음 만났을 때는 조훈현이 석 점으로 이겼는데 며칠 만에 이렇게 성장했다는

건 놀라운 일이었다.

조훈현 프로 9단은 최강자중의 최강자이었으며 이런 조훈현을 상대로 석 점으로 지던 초등학생이 석 점 접바둑을 이겼다는 건 놀라운 일이었다.

당시 조훈현이 회상하는 이창호의 첫 인상은 확실히 '천재'는 아니었다.

날렵함을 중시하는 조훈현에게 있어 외모적으로나 기풍으로나 이창호는 날렵함과는 거리가 멀었지만 묵직함이 있었고, 오히려 프로기사인 자신보다 더한 묵직함을 어린 초등학생으로 부터 느낄 수 있었다.

결국 고민 끝에 조훈현은 이창호를 내제자로 받아들이고 이창호는 조훈현의 손을 잡았다.

이창호는 조훈현의 내 제자가 되어 7년 동안 조훈현의 집에서 머물며 바둑을 배웠다.

1984년 4월 조훈현의 내 제자가 된 이창호는 1986년 8월 만11세의 나이로 프로바둑기사가 되었다. 이창호의 이러한 성공은 그의 뛰어난 천재적인 머리도 있었지만 뛰어난 스승들과의 만남을 통하여 이룩되었다. 프로기사가 된후 이창호는 각종 세계대회를 석권하는 등 지금까지 통산 143회 우승을 하였으며 전성기 시절에는 한 해 상금이 10억 원을 넘었다.

## × 장애를 딛고 성공한 헬렌 켈러

헬렌 켈러는 1880년 6월 27일, 앨라배마 주 터스컴비아의 아이비 그린이라는 이름의 한 농장의 저택에서 아버지 H. 켈러(Arthur H. Keller)와 어머니 케이트 애덤스 켈러(Kate Adams Keller) 사이에서 태어났다.

헬렌 켈러는 시각, 청각 장애인으로 태어나지 않았다. 생후 19개월이 되던 해에 의사로부터 성홍열과 뇌막염에 걸려 위와 뇌에서의 급성 출혈이 있다는 진단을 받았다.

이 병은 오래가지 않았지만 이로 인해 그녀는 평생 시각 장애와 청각 장애를 안고 살아가게 된다. 그 때는 가정 요리사의 6살 난 딸이자 그녀의 수화를 이해하는 아이인 마르타 워싱턴과 대화가 가능했었다.

헬렌 켈러는 7살 때부터 집안에서 60개가 넘는 수화를 사용하여 의사소통을 했다. 소련의 시청각 장애 심리학자인 A. 메스체리코프에 의하면, 마르타과의 교제와 그녀의 가르침은 헬렌이 나중에 발전하는 데에 결정적인 요소였다고 한다.

1886년, 헬렌의 어머니 케이트 켈러는 찰스 딕슨의 《American Notes》 라는 시청각 장애인인 로라 브릿맨에 대한 성공적인 교육에 관해 쓰여진 글을 읽고 큰 감명을 받았다.

곧 그녀는 공문을 헬렌과 그의 아버지를 동행하게 하여 눈, 귀, 코, 목에 관련한 전문가인 J. 줄리안 치솜을 찾아 조언을 얻기위해 볼티모어로 보냈다.

그는 이어서 청각 장애인들을 위한 일을 하고 있었던 알렉산더 그레이엄 벨과 그녀의 가족을 연결시켜주었다.

벨은 보스턴 남쪽에 위치해있고 브릿맨이 교육을 받은 학교인 《펄킨스 시각 장애 학교》에 연락해보라고 조언하였다.

그 학교의 교장 선생인 마이클 애너가노스는 시력 감퇴가 있는 20살의 학교 졸업생 앤 설리번에게 헬렌의 가정 교사가 되는 것을 물어보았다. 이 일은 곧 49년간 이어지는 인연의 시작점이 되었다. 곧 그녀는 헬렌의 가정교사가 되고 나중에는 그녀의 동반자로서 함께하게 된다.

앤 설리반은 가난한 아일랜드 이민자 가정에서 태어나 어릴 때 고아가 되었다.

이미 5살 때 트라코마에 감염되어 시각에 이상이 왔으며, 그 녀의 시력은 사물을 흐릿하게 볼 수 밖에 없었다.

그래서 퍼킨스 시각장애인학교에서 점자 및 수화 사용법을 배우고 우연히 좋은 의사를 만나 재수술을 받았고, 어느 정도 시력을 회복하여 마침내 그 학교에서 수석으로 졸업 했다.

1887년 퍼킨스 시각장애학원 교장이었던 마이클 애나그너스는 앤 설리번을 헬렌켈러의 교사로 위촉하였을 때 설리번의 나이 겨우 20살이었지만 그녀는 인내심과 신앙심을 가지고 헬렌에게 책을 읽어주고, 헬렌의 손바닥에 글씨를 써 주며, 사랑과 헌신으로 헬렌을 위하여 평생을 바쳤다고 말하였다.

설리번이 70세로 사망하고, 그 역할을 인계받은 폴리 톰슨 역시 무려 46년 동안 헬렌을 위해 일하였다.

기적의 헐렌켈러가 있기까지는 그의 스승이었던 앤 설리반선생의 수고와 희생이 있었다.

앤 설리번은 1887년 3월에 헬렌의 집에 도착하여 곧바로 헬렌을 가르치기 시작하였다.

설리반은 단어의 스펠링을 헬렌의 손에 적어주는 식으로, 그녀가 헬렌에게 선물로 가져온 'd-o-l-l'(doll, 인형)의 스펠링으로 시작하였다. 그 다음 달에는 헬렌이 의사소통 방식에서 큰 발전을 보였는데, 그녀가 헬렌의 손에 차가운 물을 틀어주고 '물(water)'이라는 단어를 손바닥에 쓰면서 연상시켜주는 방식이었다.

그리고 헬렌은 설리번과 세상의 다른 흔한 사물들을 익히는 데 시간을 쏟았다. 오른쪽 눈이 튀어나오기 전까지는, 헬렌은 사물의 윤곽을 형상화시키며 배웠다. 그녀의 양쪽 눈은 의학적인 이유와 외관적인 이유 때문에 유리 복제품으로 대신 교체되었다.

설리번선생님의 교육으로 시각장애인 특수학교인 보스턴 퍼킨스 학교와 뉴욕 라이트-휴머슨 학교를 졸업한 헬렌은 16세의 나이에 하버드대학교 부속학교인 래드클리프 대학교에 입학했다. 1904년 대학교를 졸업한 그녀는 독일어를 비롯해 5개의 언어를 구사했으며, 미국 역사 최초로 대학을 졸업한 시청각 장애인이 되었다

래드클리프 대학시절 헬렌은 글을 잘써, 자서전인 "나의 생애"도 펴냈다.

헬렌은 1931년 미국 뉴욕에서 열린 세계 시각 장애인 대회에서 "시각장애인의 행복"이라는 제목으로 연설을 했다.

1933년 53세에 쓴 "나에게 사흘만 볼 수 있다면"이라는 수필은 매우 감동적이다.

그녀는 '첫째 날에는 사랑하는 사람들의 얼굴을 하나하나 보겠다.'

먼저 친절과 겸손과 우정으로 삶을 가치있게 해 준 저 설리번 선생님의 얼굴을 바라보며 그의 인자한 얼굴, 아릿다운 몸매를 몇 시간이고 물끄러미 보면서 내면에 깃든 아름다움을 마음 속 깊이 새길 것이다.

그 다음에는 세상에서 정말 그 누구보다 소중한 사람들인 부모님의 얼굴을 보겠다. 나를 바라보시는 그 눈빛을 영원히 기억하겠다.

가족을 이끄느라 한 줄 한 줄 얼굴에 새겨진 그 주름의 모양까지도 꼼꼼히 담을 것이다. 잔소리라고 여겼지만 알고 보면 나를 위한 말만을 하셨던 그 입을 보겠다

어머니의 입술은 얼마나 붉으며, 어떤 모양을 하고 있는지, 가는 세월에 자신도 모르게 희끗희끗해진 머리카락이며, 늘 나를 쓰다듬고 응원해주던 그 손이며, 웃을 땐 어떤 얼굴이셨는지, 화를 내실 땐 눈썹이 얼마나 치켜 올라갔는지, 그 표정 하나하나를 눈여겨 보겠다.

둘째 날에는 새벽에 일어나 먼동이 트는 웅장한 장면을 보고, 밤이 낮으로 바뀌는 가슴 설레는 기적을 바라 볼 것이다.

아침에는 메트로폴리탄에 있는 박물관, 오후에는 미술관, 저녁에는 연극을 보며, 영롱

하게 빛나는 밤하늘의 별을 보며 하루를 마무리 지을 것이다.

마지막 날에는 일찍 큰길로 나가 부지런히 출근하는 사람들의 활기찬 표정을 보며

아침에는 오페라하우스, 오후에는 영화감상을 하고, 어느덧 저녁이 되면 건물이 숲을 이루고 있는 도시 한복판으로 나와 네온사인의 반짝이는 거리, 쇼윈도에 진열되어 있는 아름다운 상품들을 볼 것이다.

이렇게 빼곡히 적을 만큼 생각해 보니 그래도 정말로 "단언컨대 본다는 것은 큰 축복" 이구나 볼 수 있음에 감사하고 살겠다.

내가 가진 두 눈에 감사하며 살겠다.

집에 돌아와 눈을 감아야 할 마지막 순간에 나는 사흘 동안이나마 눈으로 볼 수 있게 해주신 나의 하나님께 감사의 기도를 드리겠다.

고 썼다. 얼마나 우리의 평범한 일상이 감동적이고, 행복한 일인가.

“굿 하우스 키핑”이라는 잡지에서는 헬렌을 살아있는 미국 여성 가운데 가장 위대한 12명 중의 한 명으로 선정하기도 하였다.

1932년 헬렌은 ‘픽토리얼 리뷰’라는 잡지에서 주는 상도 받았으며, 그해 영국 글래스고 대학에서 명예 법학 박사 학위를 받고, 설리번

선생님과 함께 스코틀랜드 교육 협회의 명예회원이 되었다.

미국 각 주에서 벌이는 장애인을 위한 사회사업이 매우 형식적이라는 것을 강조하는 연설을 미국 의회에서 한 결과 1935년 미국 정부는 사회보장법의 보호대상에 시각 장애인을 포함시켰다.

눈도 보이지 않고 귀도 들리지 않고 말도 하지 못하는 삼중의 고통을 극복하고 사회복지를 위해서 생애를 바친 헬렌 켈러. 그녀는 그 때문에 <기적의 사람>이라 불린다.

**× 컴퓨터 천재 프로그래머 빌 조이**

윌리엄 넬슨 조이(William Nelson Joy, 1954년 11월 8일~)는 미국 미시건 주 파밍턴힐스에서 태어났다. 1971년 미국 미시건 대학은 베이지색 벽돌로 지은 컴퓨터 센터를 설립했다. 건물의 큰방 한가운데에 거대한 메인 컴퓨터가 놓여 있었는데 그 방 옆에는 열두개의 천공기, 다시 말해서 당시에 컴퓨터 단말기 역할을 하던 장비가 놓여 있었다.

1971년의 미시건 대학의 컴퓨터센터는 가히 예술의 경지에 있었다. 미시건 대학에는 세계 최고의 컴퓨터 공학 프로그램이 있었고, 컴퓨터 센터에서 진행되는 과정을 위해 수천 명의 학생들이 그 큰 방을 오가고 있었다. 그들 중 가장 유명한 사람은 빌조이라는 좀 모자라 보이는 십대 소년이었다. 조이는 컴퓨터 센터가 문을 연 그 해에 미시건 대학에 입학한 열여섯 살의 소년이었다.

빼빼 마른데다가 키가 큰 조이의 머리에는 제멋대로 자란 머리카락이 대걸레처럼 얽혀 있었다. 디트로이트의 외곽에 있는 노스파밍턴 고등학교를 졸업할 당시 그는 가장 멍청한 학생 투표 후보에 오른 적이 있고, 그의 말마따나 여자 손도 한 번 잡아보지 못한 머저리였다. 본래 조이는 생물학자나 수학자가 될 생각이었지만 1학년 내내 컴퓨터 센터를 문턱이 닳도록 드나들더니 그 세계에 완전히 빠지고 말았다.

다행히 그는 컴퓨터 공학 프로그램 교수의 눈에 들어 신임을 얻었고, 여름방학 내내 그 스승인 교수와 함께 프로그래밍을 할 수 있었다. 컴퓨터 센터는 그의 삶 자체이었고, 그는 프로그래밍을 할 수 있는 것이면 낮, 밤을 가리지 않고 무엇이든지 다했다.

그때 당시 가장 뛰어났던 컴퓨터 공학 프로그램의 스승인 교수들을 만나지 못했다면 오늘날의 빌조이도 없었을 것이다. 1975년 버클리에 있는 캘리포니아 대학원에 들어간 그는 컴퓨터 프로그래밍의 세계속으로 깊이 빠져들었고, 박사과정을 위한 구술시험에서 세밀하고 복잡한 알고리즘을 만들어 내서 시험 감독관들의 말문을 막아 버렸다.

그의 수많은 추종자 중 한명은 그들 중 한 사람의 당시 경험을 "예수가 장로들을 꾸짖는 것"에 비유 했다고 썼다. 빌조이는 운이 좋게도 초기 슈퍼컴퓨터의 프로그래밍 일을 하게 되면서 그 기계의 놀라운 파워를 경험한다.

그는 1970년대 중반 UC버클리대 대학원에 들어가 밤늦게까지 컴퓨터 머신 속의 새로운 세계를 만드는 일에 빠져들었다. 미켈란젤로가 그의 머릿속에 있는 이미지를 조각으로 형상화하는 것을 '대리석의 마법을 푸는 일'이었다고 어느 작가가 묘사했듯이 그가 소프트웨어를 만드는 일도 그러했다. 자신이 머릿속에 상상한 것은 이미 그 기계 속에 존재한다고 느꼈다. 단지 나오기만을 기다리고 있을 뿐! 그것을 자유롭게 해 주는 일, 이 감동에 비하면 밤을 새우는 것은 문제가 되지 않았다.

버클리에 있던 수 년 동안 그가 쓴 파스칼 시스템, 유닉스 도구들, 텍스트 에디터와 같은 소프트웨어를 잇따라 내놓는다. 이런 소프트웨어의 모험은 마침내 유닉스 운영체제의 버클리 버전을 탄생시키는 밑거름이 된다.

그러나 개인적으로는 이 일 때문에 남들이 모두 원하는 박사 학위는 받지 못한다. '버클리 유닉스'는 아주 성공적이었다. 버클리대의 한 구석에서 소박하게 출발한 그의 작은 프로젝트는 곧 돈을 만들기 시작했으며, 일하는 직원들까지 둘 수 있게 되었다. 그러나 문제는 그 계획(프로젝트)을 펼쳐 나가기 위해서는 버클리가 너무 협소했다. 어느 날 그를 찾아온 스탠퍼드대 출신의 야심만만한 청년 셋의 창업 계획을 듣고 거기에 동승하기로 한다. 나중에 실리콘밸리를 대표하는 기업 중 하나가 되는 '선마이크로시스템즈'(Sun Microsystems)의 공동 창업자가 된 것이다. 그곳에서 그는 오늘날의 '선'을 있게 한 기술들을 탄생시키는 핵심 역할을 한다. 그가 개발한 '버클리 유닉스'는 선의 초창기 주력 상품인 워크스테이션의 운영체제로 탑재돼 그 시장의 선두주자를 추락시키는 무기가 된다. 또 선의 마이크로프로세서인 '스팍'(Sparc) 디자인에 주도적 역할을 하였으며 인터넷을 꽃피우게 하는 프로그래밍 언어 '자바(Java)'가 태어나는 대부 역할을 맡기도 했다.

어찌보면 빌 조이의 TCP/IP에 대한 치기어린 고집이 오픈소스 정신을 완고한 저작권 법정에서 살려낸 것이다. 빌 조이는 TCP/IP 뿐만 아니라, 화면의 특정 위치에 커서를 배치할 수 있는 새로운 터미널 기기들에서 쉽게 사용할 수 있는 vi 편집기도 작성 했는데, 아직도 이 편집기는 전 세계에서 널리 쓰이고 있으며 어떤 종류의 유닉스 계열의 운영체제에도 기본적으로 탑재되는 중요한 소프트웨어이다.

개발자인 빌 조이에 대해서도 주변의 다양한 평가가 있다. 그가 작성한 코드는 지저분하고 다른 사람들이 읽기가 매우 힘든 것으로 악명 높아서, 유지 보수하는 데 엄청난 애를 먹었다고 한다. 그런데, 확실한 것은 뛰어난 개발자라도 일주일 이상 걸릴 일을 빌 조이는 자신 만의 방식으로 하루 정도에 해결을 했다고 한다.

그는 매우 방대한 코드를 순식간에 읽고, 이를 간단하게 정리하는 능력이 매우 뛰어나서 대규모 코드를 금방 고치는데 일가견이 있었다. 생활에서도 그런 그의 능력이 간혹 나타나기도 하였는데, 여러 가지 일을 전혀 간섭을 받지 않고 나누어서 한꺼번에 처리하는 동시에 여러 가지 일을 하는 멀티태스킹 능력이 대단했다고 전해진다.

이렇게 뛰어난 개발자였기에, 빌 조이는 리눅스의 정신을 그다지 좋아하지 않는다.

그는 오픈소스의 힘이 수많은 개발자들의 참여와 열정에서 나온다는 리눅스의 평등주의적인 윤리관을 믿지 않았다.

리눅스의 기저에는 모든 개발자들이 뛰어난 코드를 작성하지 못해도, 여럿이 함께 코드를 검토하고 개발을 한다면 결국 위대한 코드가 나타날 수 있다는 믿음이 깔려 있다.

그에 비해 빌 조이는 참여하는 대부분의 개발자들은 실력이 떨어지며, 그 중에서 버그를 찾아내고 이를 제대로 개선할 수 있는 사람은 몇몇에 불과하다고 주장한다.

오픈소스 개발방법론 자체를 부정하는 것은 아니지만, 몇몇 핵심개발자들의 역할이 그만큼 중요하다는 것이다. 그의 이런 시각에 대해서는 많은 논란의 여지가 있다.

그는 미국의 컴퓨터 과학자로 1982년 스콧 맥닐리, 비노드 코슬라, 안드레아스 폰 벡톨샤임과 함께 썬 마이크로시스템즈사를 공동 창립했고, 2003년까지 수석 연구원으로 재직했다. 버클리 대학의 대학원생 시절, BSD 유닉스 개발의 핵심적인 역할을 했으며, vi 편집기의 개발자로도 유명하다.

컴퓨터 프로그래머 세계에서 빌 게이츠 회장에 버금가는 인물로 꼽히는 빌 조이는 미국의 경제전문지 포춘에서 그를 '인터넷의 에디슨'이라고 칭하기도 했다.

선 마이크로시스템즈의 창업자 중 한 사람이었던 그는 자바를 개발해 MS의 인터넷 시장 독점을 막았다고 평가받으며 인터넷계의 기린아가 되었고, 20여년을 IT 기술의 진보에 몸 바쳤다.

2000년에는 과학기술 발전에 대한 깊은 우려를 담은 에세이 '미래에 왜 우리는 필요없는 존재가 될 것인가(Why the future doesn't need us)'를 와이어드 지에 발표하여 큰 반향을 불러일으켰다.

# 제 3 장 상상한 대로 꿈꾸는대로.

## 꿈 ! 어떻게 이룰 것인가?.

당신은 꿈꾸는 자인가?
꿈은 성공의 디딤돌이 될 것이다.
꿈을 꾸고 꿈을 이루고자하는
열망이 많으면 많을수록
당신은 반드시 성공 할 것이다.
당신이 꿈을 이루기 위해
매일매일 지혜로 무장하고 꾸준히 노력한다면
당신을 성공의 문으로 인도할 별들이
당신의 주위에서 휘황찬란하게 빛날 것이다.
그러면 당신은 인생에서 진정으로
성공한 자로 다시 태어날 것이다.

## 1. 꿈을 이루는 성공의 필수요소 품성【마음】

스스로 할 수 있다고 믿는 자는 꿈을 이룬다. -저 자-

보통사람들의 삶은 불평등 속에서 시작된다.

많은 사람들이 처음 태어나면서부터 부모님들로부터 신체적 모습과 재능, 체력, 주변 환경, 부모님들의 교육열과 재산의 많고 적음 등 하나라도 평등하게 된 것은 없는 가운데 처음 인생을 출발한다.

타고난 재능, 남들보다 뛰어난 신체적인 조건, 재력과 능력을 갖춘 힘 있는 부모 등의 뛰어난 환경적 요인을 가지고 태어난 사람과 자신을 비교하며 상대적으로 괴리감과 열등감을 느끼면서 태어난 사람은 스스로 절망하기도 한다.

그러나 성공의 조건은 이런 환경적 조건에 있지 않다는 사실을 앞서 살펴본 터먼 연구팀이 증명해 주었다. 외부 환경적 요인이 아닌 스스로 그 환경을 어떻게 해석하고, 어떻게 느끼며, 어떻게 반응하고 행동할 것인지를 매 순간 결정하는 '태도' 여부에 따라 성공이 결정된다.

결국 터먼 연구팀이 내린 성공의 조건은 " 지

능이 아니라 성격과 인격, 품성, 기회 포착능력이 좌우한다."

초등학교에 입학하면 그 동안의 불평등은 어느 정도 사라지고 새로운 세계가 시작된다.

초등학교에서는 평등하게 교육이 이루어진다. 이 때 사람들은 자신이 상상했던 것 중에서 꿈을 비로소 발견한다.

꿈을 이루고 성공적인 인생을 살아가기 위해 필요한 것은 자신의 마음가짐 즉, 품성이다.

품성이란 매순간 자신에게 주어진 조건들을 어떻게 이해하고, 느끼며, 행동할지를 선택하고, 그 옳은 선택들을 연습하는 태도이다.

곧 성공은 성품과 무엇이든지 해내고야 말겠다는 신념과 용기가 결정한다.

즉, 성공은 사람의 마음이 결정한다.

사람의 마음은 하늘로부터 타고 난다고 하여 천성이라고도 한다. 사람은 누구나 그 사람만이 가지고 있는 마음이 있다.

모든 것을 보고 느끼는 마음은 일단 부모로부터 영향을 받는다.

매사 착하고, 좋고, 아름답게 생각하는 마음을 가진 사람이 있는가 하면, 모든 것을 어둡고, 좋지 않고, 짜증내며, 남들을 괴롭히고, 자기 마음대로 하며 정직하지 못하고 거짓말을 잘하는 잘못된 마음을 가진 사람도 있다.

좋은 성품도 기본적으로 타고나는 것이지만 좋지 않은 성품도 많은 독서와 훈련과 연습을 통해 좋은 것으로 만들 수 있다.

부족해도 남을 도우려는 마음, 어떤 어려움도 꿋꿋이 이겨내는 마음, 남의 허물을 감싸주고, 남의 부족한 점을 고운 눈길로 봐주는 마음, 자기 몸을 태워 빛을 밝히는 촛불과도 같이 상대를 배려하고 도움을 주려는 마음, 이런 마음을 언제나 마음에 새기고, 실천하도록 연습하고 훈련해야 한다. 그러면 꿈을 이루고 성공할 수 있다.

성공의 기본 요소는 자신이 타고난 재능이나 아름다운 모습이 아니라 착한 마음, 즉 품성이다. 모든 게 마음먹기에 따라 달라진다.

*** 타고난 지능보다 습관과 태도가 성공을 결정한다.**

성공하는 모든 사람은 모두 열심히 노력한다. 버클리 대학의 수학교수 앨런 쇤펠트(Alan Shoenfeld)는 수학문제를 풀기 위해 고심하고 있는 르네(Renee)라는 여성의 모습을 비디오에 담았다. 르네는 20대 중반이었고 긴 검은 머리에 은색 안경을 쓰고 있었다.

그 테이프에는 르네가 대수학을 가르치기 위해 특별히 만든 프로그램을 가지고 놀고 있는 모습이 찍혀 있다.

간호사로 일하는 르네는 전에 특별히 수학에 관심을 기울인 적이 없다.

그녀는 걱정스런 표정으로 쇤펠트 교수에게 말하기를 수학을 해본 것이 5년전이며, 그동안 한번도 수학을 해본 적이 없다는 것이었다.

르네는 자신이 끙끙대고 있는 문제가 답이 나올 수 있다는 사실을 모르고 있다.

그녀는 쇤펠트가 말하는 '위대한 착각'에 빠져 있는 것이다. 쇤펠트는 이 테이프를 아주 좋아하는데 그 이유는 르네가 위대한 착각에서 벗어나는 과정이 생생하게 기록되어 있기 때문이다.

쇤펠트는 오랫동안 셀 수 없을 만큼 많은 학생이 수학 문제를 푸는 것을 비디오 테이프에 담아 왔다. 그중에서도 르네의 테이프는 수학을 배우는 것의 비밀과 아름다움이 잘 담겨있어 어떤 것보다도 아낀다.

르네가 '아, 뭔지 알 것 같아요'라고 말하는 시점부터 문제를 풀기까지 시간이 23분이 흘러갔다. 이건 긴 시간이다.

쇤펠트는 자신의 생각을 털어 놓았다.

이것은 중학교 2학년 수학입니다. 만약 중학교 2학년들을 르네가 앉았던 컴퓨터 앞에 데려다 놓으면 대부분 몇 번 시도해 본 다음 '못하겠어요, 설명해주세요'라고 말할 것입니다.

쇤펠트는 고등학교 학생들에게 스스로 풀기 어려운 문제를 풀다가 포기하기까지 걸리는 시간을 측정해 보았다. 그 시간은 30초부터 5분까지 다양 했는데 평균을 내보니 2분이었다.

그러나 르네는 끈질기게 도전 하였고, 시간에 구애받지 않고 같은 주제에 반복해서 접근했다. 또한 자신의 생각을 말했고, 계속 시도하였다. 그러면서 배운 내용을 떠올리며 완벽하게 옳다는 답이 나올 때까지 멈추지 않았다.

그녀는 수학을 잘하는 타입이 아니었고, 수학의 기울기나 정의 되지 않은 수 같은 개념을 명확하게 이해하고 있지 않았다.

하지만 그녀는 자기가 하는 일이 납득할 때까지 끝까지 밀어 부쳤다.

많은 학생들은 어려운 문제를 만나면 그냥 집중만 하다가 흥미를 잃고 만다. 하지만 르네는 '저건 내가 어떻게 해도 답이 나오지 않을 것 같아. 도저히 답을 못 얻겠는 걸. 그래도 저건 중요한 거야. 나는 제대로 알고 싶어'라고 생각하고 있었다. 그녀는 끈질긴 도전 끝에 답을 알아내고 '그래, 맞았어'라고 기뻐하고 있다.

우리는 보통 수학을 잘하는 재능은 타고 나는 것이라고 생각한다. 하지만 쇤펠트는 재능보다 태도가 중요하다고 말한다. 시도하고자 하면 수학을 마스터 할 수 있다는 것이다.

성공은 대개 보통 사람들이 30초만에 포기하는 것을 22분간 붙잡고 늘어지는 끈기와 지구력, 그리고 자신의 의지의 산물이다.

공부도 마찬가지이다. 모르는 것은 계속해서 질문하고, 끈질기게 책을 읽고, 써보며 노래처럼 암기하려는 마음이 있다면 그는 분명 공부를 잘하게 될 것이다.

아무리 명석한 머리를 가졌다하여도 모든 것을 끈기있게 하지 못한다면 그는 분명 토끼가 되어 거북이에게 반드시 뒤떨어질 것이다.

## × 꿈을 이루도록 하는 마음가짐

사람마다 꿈의 크기가 다르고, 또 꿈이 없으면 이룰 수 있는 것도 없다.

그러나 그것보다 훨씬 더 중요한 것이 있다.

나의 내면에 있는 보이지 않는 마음에 카메라 렌즈의 초점을 맞추는 것이다.

자신이 스스로 바꾸지 않으면 안 되는 유일한 것이기도 하다.

자기 마음에 카메라 렌즈를 맞추는 것의 중요성을 잘 표현한 글이 있다.

어느 성공회의 한 주교가 자기 묘비에 적은 글이다.

"내가 젊고 아름다워 상상력의 한계가 없었을 때 나는 세상을 변화시키겠다는 꿈을 가졌었다. 그러나 좀 더 나이가 들고 지혜를 얻었을 때 나는 세상이 변하지 않으리라는 것을 알았다. 그래서 나는 시야를 약간 좁혀서 내가 살고 있는 나라를 변화시키겠다고 결심했다.

그러나 그것 역시 불가능한 일이었다.

황혼의 나이가 되었을 때 나는 마지막 시도로 나와 가장 가까운 가족을 변화시키겠다고 마음을 정했다. 그러나 아아, 아무 것도 달라지지 않았다.

이제 죽음을 맞이하기 위해 자리에 누운 나는 문득 깨닫는다.

만약 내가 나 자신을 먼저 변화시켰더라면 그것을 보고 가족이 변화 되었을 것을, 또한 그것에 용기를 내어 내 나라를 더 좋은 곳으로 바꿀 수도 있었을 것을 그리고 누가 아는가  마침내 세상까지도 변화되었을는지....

자기 마음속 카메라 렌즈의 초점을 맞추면 마음에 평안이 깃들고, 안정감을 갖게 된다.

진실로 자신에게 행복과 평안을 가져다 주는 것은 내면에 있는 마음의 고요함인 것이다.

그런 믿음 때문일까.

영국 시인 에드먼드 스펜서의 말에 마음이 끌린다.

“악을 선으로 만드는 것이나 비참 또는 행복 그리고 부유함 또는 가난함을 만드는 것은 모두 마음이다”

《실낙원》을 쓴 영국시인 밀턴도 300년 전에 이미 이런 진리를 발견한 사람이다.

“마음은 그 자신의 터전이니라
그 안에 지옥을 천국으로
천국을 지옥으로 만들 수 있나니.“

나폴레옹과 헬렌 켈러는 밀턴의 이 말을 온전히 실증한 인물들이다.

나폴레옹은 황제로서 정복자로서 인류의 영웅으로서 인간이 일반적으로 열망하는 것들인 명예와 권력과 부귀를 누렸음에도 그의 마음은 지옥처럼 비참했다.

유배지인 세인트 헬레나섬에서 그는 "나의 일생에서 행복했던 날은 엿새에 불과하다'고 말했다.

반면에 장님이면서 벙어리인 헬렌 켈러는 그 어려운 여건에도 마음속에는 낙원을 가꿨다.

자신을 신비주의자라고 밝힌 그녀는 자서전에서 "인생은 아름다운 것"이라고 노래한다.

그녀는 자서전 《사흘만 볼 수 있다면》 에서 자신의 마음을 행복한 사람으로 표현 하였다.

여러분도 꿈을 이루고 성공하고 싶다면 자신의 마음을 착하고, 정직하고, 예의 바르며, 용감하고, 지혜를 가진 마음으로 거듭 태어나야 한다.

자신의 마음을 스위치를 켜고 끄듯이 마음대로 조작 할 수 있다면………

자신의 마음을 다스릴 수만 있다면, 그래서

아무리 힘들고, 어렵고 비참해도 용기와 평정심을 잃지 않을 수 있다면,

자신의 꿈을 매일매일 상상하고, 그 꿈을 이루기 위하여 매일매일 노력하는 마음을 가질 수만 있다면 여러분은 이미 꿈을 이루고 성공한 사람이다.

### * 착하고 정직한 마음이 성공의 비결

내 자녀나 내 주변의 사람들이 꿈을 이루고 성공적인 삶을 살고 싶어 한다면 그들에게 이렇게 말해주십시오.

"성공이란 어려운 상황이나 형편 속에서도 불평하지 않고, 착하고 정직한 마음으로 즐거움을 유지하고 끊임없이 노력하는 태도"라고 말입니다.

삶의 역경에 처하여 어려운 일들로 삶이 힘들다고 느끼는 사람들이 있다면 긍정적인 마음을 가지고 매일 꾸준히 노력하며, 생활하면 반드시 성공한다는 믿음을 가지라고 말해 주십시오.

"긍정적인 마음이란 어떠한 상황에서도 가장 희망적인 생각, 말, 행동을 선택하는 마음가짐"입니다.

좋은 성품에 이르는 말 한 마디 한 마디가 정직하고 착한 사람으로 만들어 성실한 노력으로 인생을 성공으로 이끌어 줄 것이다.

짚신장수에서 황제가 된 유비는 착한 마음의 소유자였다.

유비의 아버지는 관리였으나 유비가 어렸을 때 죽었다. 그 바람에 홀어머니 밑에서 자라게 되니 집안은 가난하고 제대로 배울 수조차 없었다.

자연이 살기가 어려워 어렸을 때 짚신을 삼고 돗자리를 짜 그것을 팔아 살림을 도왔다.

다만 집안 아저씨뻘 되는 유원기의 도움과 그 어머니의 정성 덕분에 당시의 학자이자 사상가인 노식 문하에 들어 조금이나마 글을 배울 수 있었다.

유비는 시장에서 짚신을 만들어 팔 때도 항상 공손하고 친절하며 예의를 잃지 않았다.

짚신에 발에 맞지 않는다고 손님들이 불평하면 그들의 불평을 다 듣고 싫은 내색없이 모든 불평을 다 해결해 주었다.

시장의 깡패인 장비가 자릿세를 요구해도 불평없이 주면서 장비를 깎듯이 대하고, 모든 사람들과 친밀하게 사귈 수 있도록 열과 성을 다 하였다.

유비는 글을 배운 덕택에 세상을 살아가는데 많은 도움이 되었다. 거기서 같이 동문수학하는 사람들과 인맥이 형성 되었고, 공손찬이라는 사람을 친구로 사귀게 되어 후에 많은 도움을 얻었다.

유비가 글을 배우는 도중에 스승인 노식이 나라로부터 벼슬을 받고 고향을 떠나게 되어 스승을 배웅하고 돌아오는 길이었다. 얼마를 가다보니 제법 넓은 개천이 앞을 막고 있었다. 징검다리가 있었는데 여름 장마에 모두 씻겨 떠내려가 바지를 걷고 물에 들어가지 않으면 건널 수 없었다. 할 수 없이 유비는 신발을 벗고 물에 빠져 개천을 거의 다 건넜을 때 뒤에서 어떤 늙은이가 부르는 소리가 들려왔다.

뒤돌아보니 한 늙은이가 손짓을 하며 자기가 개천을 건너는데 도와 달라고 하는 것이었다.

유비는 모른 체 할까 하고 생각하다가 늙은이가 너무 불쌍히 보여 다시 오던 길을 되돌아 가 공손하게 절을 하고 노인에게 물었다. "무엇 때문에 소인을 불렀는지요?"

그러자 노인이 "야 이놈아 보면 모르냐, 개천을 건너려는데 물은 차갑고, 건널 힘은 없고 해서 너의 등을 좀 빌릴려고 하는데 등을 좀 빌려 줄 수 있느냐?" 유비는 속으로 좀 건방진 늙은이라는 생각이 들었지만 내색하지 않고 공손히 말했다. 알겠습니다.

노인어른 제가 업어서 개천을 건너 드리겠습니다. 그리고 등을 노인에게 내밀어 노인을 업어서 개천을 건너 드렸다. 노인을 건너편 개천으로 무사히 건너고 유비도 개천에서 나오려 하는데 노인이 말하기를 "아이고 내 정신 봐라, 너에게 업혀 오는 것만 생각했지 내 보따리를 개천 건너편에 그대로 두고 왔다. 다시 가서 가져와야 겠다"하고 말하자,

유비는 "제가 가서 가져 오겠습니다". 하고 말하자 늙은이는 "아니야, 나를 다시 업고 그리로 가야 겠다. 네가 그 보따리를 잘 찾지 못할 거야"라며 다시 업기를 재촉 하였다.

유비는 내심 불쾌하고, 어떻게 해야 할까 망설이다가 어차피 한번 친절을 베풀었는데 다시 못할 이유가 무엇이냐 하며 아무 내색 없이 친절하게 다시 건너편으로 가서 노인장의 보따리를 찾아 다시 건너편으로 모셔다 드렸다.

유비는 스승으로부터 "예의는 나 자신이 스스로 노력하고 변화하여 갖추어야 하는 것이고, 예의 바른

기본정신은 남을 배려하는 마음에서 나오는 만큼 내 입장을 고집하기 전에 상대방의 입장을 생각해 본다면 얼마든지 상대를 배려하는 자세를 가질 수 있다." 고 배운 것을 생각하였다.

유비의 이런 착한 마음이 시장의 짚신 장사에 머물러 있지 않고 나중에 촉나라의 황제가 되는 초석이 되었다.

내가 살아가면서 보았던 또 하나의 예를 보자.

어느 정직하고 착한 소년이 있었다.

그는 일찍이 교통사고로 그 부모를 모두 잃고 외할머니 손에서 자랐다.

외할머니는 너무나 생활이 어려워 그를 초등학교만 보낸 후 도시에 있는 큰 인쇄소에 보내 인쇄 기술을 배우게 하였다. 그는 마음이 착하여 어른들에게 친절하고 그들이 가르쳐주는 기술을 열심히 배웠다. 그는 아침 일찍부터 저녁 늦게까지 열심히 일하였다.

어느 날 어떤 손님이 찾아와 그에게 인쇄기의 수리를 부탁하였다. 그는 자신이 배운 기술을 이용하여 손님이 원하는 대로 인쇄기를 수리하여 주었다.

다음날 그 손님이 찾아와서 인쇄기 수리한

것이 잘못되었다고 트집을 잡으며 다시 해달라고 하였다.

그는 착한마음을 가졌기 때문에 아무런 불평없이 손님이 원하는 대로 다시 해주었다.

그 다음날 손님은 또 인쇄기가 잘못 되었다고 트집을 잡으며 또 다시 해달라고 했다.

그는 두 말 없이 그 손님이 해달라는 대로 해주었다.

그 다음날도 계솟해서 그 손님은 또 다시 잘못되었다고 하며 다시 해달라고 불평을 했다.

그는 착한 마음을 가졌기 때문에 아무런 불평없이 자기가 가진 모든 기술과 정성을 다하여 만들어 주었다.

그 다음날도 손님은 또 다시 잘못되었다고 인쇄를 해줄 것을 요구하였다.

그는 손님에게 공손한 태도로 잠시 기다려 달라고 말한 후 그 인쇄소 사장에게 찾아가 그간에 자초지종을 모두 이야기 한 후 자신은 더 이상 실력이 없어 그 손님의 요구를 들어줄 수 없기 때문에 사장님이 해결해 주시기를 간청하였다.

그러자 사장이 환히 웃으며 그 손님은 나의 친구인데 네가 어떻게 하는지 너의 태도와 마음을 보려고 시험하였다고 하며, 이번에 독일에서 새로운 인쇄기계에 관한 공부를 하기 위하여 유학을 보내려 하는데 누굴 보낼까 고심하다가 지금까지 하는 행동과 태도를 보아 결정 하려 하는데 너만이 끝까지 아무 불평 없이 친절하고 성실하게 손님을 대했다며 너를 독일에 유학보내기로 결정하였다고 말해주는 것이었다.

그의 착한 마음이 사장의 마음에 들어 독일에 유학을 다녀와 국내 인쇄기계의 명인이 되어 성공한 인생을 살고 있다.

사람의 착한 마음이야 말로 인생성공의 보증수표다.

언제나 착한 마음과 예의바른 태도를 가지고 자신이 마음먹은 대로 모든 게 이루어진다고 믿고 노력한다면 모든 것이 마음먹은 대로 될 것이다.

당신이 무너진다고 생각하면 당신은 무너진다.

당신이 용기가 없다고 생각하면 당신은 용기가 없다.

당신이 이기고 싶은데 이길 수 없다고 생각하면 당신은 이길 가망이 거의 없다.

당신이 실패 할 거라고 생각하면
당신은 이미 실패한 것이다.
성공은 동료의 의지와 더불어 시작하니,
그 동료는 바로 마음이다.

당신이 남보다 뛰어나다고 생각하면,
당신은 뛰어나다.
당신은 높은 도약을 생각해야하며,
승리를 얻기 전에 먼저
스스로 승리를 확신해야 한다.

인생의 싸움에서 승리가 늘 더 강한 사람이나
더 빠른 사람에게 가는 것이 아니다.
하지만 조만간 승리하는 사람은
스스로 할 수 있다고 생각하는 사람이다.

-에 머 슨-

스스로 할 수 있다고 믿는 자, 스스로 꿈을 이룰 수 있다고 믿고, 쉬지 않고 노력하는 자는 반드시 그 꿈을 이룰 수 있다.

그 꿈을 이루는 필수 요소는 언제나 그것을 잊지 않고 끝없이 열망하는 마음이다.

사람의 운명은 마음먹은 대로 된다.

## 2. 꿈은 크고 원대해야 한다.

인간의 탄생은 기적이다. 이 아름다운 세상에 태어났다는 한 가지 사실만으로 우리는 기적을 이룬 것이다.

기적처럼 태어난 세상에 꿈이 없이 사는 사람들이 너무나 많다. 대부분의 많은 어린이들은 꿈이 무엇인지도 모른 체 그저 하루하루를 살아가고 있다.

그들의 부모 역시 자신의 아이들에게 꿈을 묻지도 그것을 어린이의 마음속에 심어주지도 못한 체 하루하루를 보내고 있다.

그러나 성공한 사람들을 보면 그들은 모두 어린 시절부터 꿈을 가지고 그것을 이루려고 노력해 왔다. 꿈이 없이 그냥 사는 사람과 꿈을 가지고 그것을 이루려는 사람들의 차이는 어린 시절에는 보이지 않지만 시간이 지날수록 그 차이는 커진다.

꿈과 희망은 성공의 비결이다. 꿈과 희망을 가지면 세상이 아름답게 보이고 원하는 것은 무엇이든 다 얻을수 있다. 특별한 사람이 되고 싶다는 마음이 없으면 희망도 없다. 그러나 특별한 사람이 되어 운명을 바꾸고 싶다는 간절한 꿈과 희망이 있으면 어떤 장애물도 여러분을 막을 수 없다.

**× 크고 원대한 꿈을 가져야 한다.**

어린 시절의 꿈은 그 사람이 인생을 사는데 목적지를 정하고 그 목적지를 향하여 지도를 가지고 찾아가는 사람이고, 꿈이 없는 사람은 그 목적지도 모른 체 지도도 없이 무작정 앞으로 나아가는 사람과 같다.

어린 시절에는 반드시 꿈을 가져야한다.
부모나 초등학교 선생님들은 어린이에게 꿈을 불어넣어 주어야 한다. 크고 원대한 꿈을 ....
그리고 너는 그 꿈을 이룰 수 있다는 믿음과 정신을 북돋아주고 격려와 칭찬을 자주 해 주어야한다. 그 격려와 칭찬이 어린이로 하여금 꿈을 이루기 위해 강력한 의지로 노력을 해 나가는 동기가 된다.
꿈을 성취 할 수 있다고 생각하는 것과 실제로 꿈이 가능한 것의 차이는 아주 적다.
그러나 언제나 꿈을 이룰 수 있다는 확고한

믿음과 신념을 가진 사람과 그렇지 못한 사람과의 차이는 크다.

어린 시절에 꿈을 가지고 나는 할 수 있다고 믿은 사람들은 모두 그 꿈을 이루었지만 꿈이 없는 사람들은 꿈을 이룬 경우가 극히 드물다.

성공은 신념과 의지로부터 시작되며, 성공을 확신하는 사람에게만 찾아온다. 결국 승리하고 꿈을 이루는 사람은 할 수 있다고 믿고 노력하는 사람뿐이다.

우리들 대부분의 약점은 꿈과 성공에 대한 믿음과 신념이 부족하다는 것이다.

다행히도 이 약점은 자기암시의 원칙을 통해 극복할 수 있다. 이 원칙은 원하고 소망하는 것을 항상 의식적으로 마음속에 상상하고 되새겨 잠재의식의 일부가 될 때까지 반복 하는 것이다.

그러나 우리에게는 위대한 꿈을 이루고 성공할 수 있는 충분한 잠재력이 있다. 중요한 것은 그 잠재력을 활용해서 기적을 만들어 내려는 욕구가 우리에게 얼마나 강렬한가 하는 것이다. 그리고 꿈을 이루기 위하여 노력을 얼마나 열심히 하고 있느냐 하는 것이다.

꿈을 이루기 위해서는 열정의 불꽃이 내면의

깊은 곳에서부터 타오르도록 해야 한다 내면에서 타오르는 불꽃은 쉽게 꺼지지 않기 때문이다. 외부의 힘으로 강제로 붙여진 불길은 작은 바람이나 변화에도 쉽게 꺼지기 마련이다. 열정은 머리로 하는 것이 아니라 몸으로 해야 하는 것이다.

**× 도전하지 않으면 꿈을 이룰 수 없다.**

늘 꿈을 이야기하고 포부를 말하면서도 도전하지 않는 사람보다 더 비극적인 삶은 없다.

달리기를 싫어하는 사람이 마라톤경주에서 우승한다는 것은 불가능한 일이다.

또, 남들 앞에 나서기를 주저하는 사람이 인기 있는 사회자가 되기를 원하는 것도 거의 불가능 하다. 용기가 없는데 어떻게 꿈을 이루고 멋진 인생을 살아 갈 수 있겠는가?

에너지를 가지고 있으면서도 불꽃에 불을 붙여 타오르지 못한다면 무슨 소용이 있겠는가?

실패를 두려워하는 사람은 이미 실패한 사람들이다. 원대하고 큰 꿈이 있다면, 기회가 왔을 때 꽉 붙잡아야 한다. 자신을 믿고 과감하게 시도해서 기회의 문을 활짝 열어야 한다.

내가 중심이 되는 가치있는 인생인데 작고 볼품없이 살기에는 너무 아깝지 않은가?.

사람의 능력도 꿈의 크기에 따라 달라진다. 꿈을 크게 가지고 자신의 능력으로 다소 벅찬 과제에 자꾸 도전하다 보면 자신도 모르게 능력이 자란다. 반면 작고 안이한 목표를 설정하고, 편하고 쉬운 일만 찾다 보면 능력도 그에 맞추어 작아진다.

우리 몸도 자신이 원하는 데로 될 수 있다. 미얀마와 태국 국경지대에 사는 소수 민족인 카렌족은 여자들의 목에 놋쇠 링을 끼워 목의 길이를 늘이는 풍습을 가지고 있다.

그 민족은 목이 길수록 미인으로 인정하기 때문인데 이 밖에도 밀림지역에서 살다보니 맹수의 공격을 받기 쉬운데 이때 맹수가 여자들을 물어 삼키지 못하게 하기 위해서 목에 놋쇠 링을 끼웠다고 하기도하고, 다른 부족 남자들에게 매력적으로 보이는 것을 막고 자신의 종족이라는 것을 알기 위해서라는 등의 주장이 있다.

그 이유가 무엇이든지간에 카렌족의 여자아이들은 5~6세정도가 되면 굵은 놋쇠 링을 목에 감는데 나이가 들면서 고리개수도 늘어나게 된다. 무거운 링 때문에 늑골과 쇄골이 점점 내려앉아서 목이 길어 보인다. 성인이 되면 보통 여자들은 20개 이상의 링을 목에 두르게 되고 목의 길이는 20~30cm까지 늘어난다.

주어진 틀에 따라 모양이 변하는 것은 발이나 목만이 아니다.

개인의 역량 또한 상당히 가변적이다.

몸이 틀에 맞춰 달라지듯이 우리의 두뇌와 능력도 꿈의 크기와 열정에 따라 달라진다.

꿈은 사람에게 자극을 주고 의욕을 불어 넣는다. 꿈을 가진 사람은 그렇지 않은 사람들에 비하여 모든 열정을 다해 꿈을 현실로 만들고 이루려고 한다.

성공하는 삶은 인생에 대한 열의에서 출발하여 집념과 인내를 통하여 결실을 맺는 것이다. 인간은 누구나 자기가 하고 싶은 일에 도전할 수 있는 힘이 있다. 그리고 무엇보다 중요한 것은 그것에 도전하고자 하는 의욕이 있느냐 없느냐 하는 것이다.

신념을 토대로 한 행동하는 삶, 열정적인 삶을 살기를 원했던 미국의 소설가 잭 런던은 이런 글을 남겼다.

나는 먼지보다 재가 되길 원한다.
나는 건조와 부패로 말미암아
질식하여 죽기보다는
생명의 불꽃으로 나를 태워 빛나는 한줄기의
타오르는 불길이 되고 싶다.
나는 잠자는 영원한 위성이 되기보다는
거대한 불꽃으로 나의 모든 것을 불태우는
눈부신 유성이 되고 싶다.
인간 고유의 본질적 기능은
단순히 존재한다는 것이 아니라
삶을 살아가는 것이다.

## 3. 일 만 시간의 법칙

모든 사람은 평등하다고 한다.

그러나 평등을 실현하고자 하는 염원이 근대 역사를 이끌어 오기는 했지만 실질적인 평등은 아직 인류 역사에서 실현되지 못했고, 앞으로도 영원히 실현되지 못할 것이다.

따라서 인간은 태어 날 때부터 불평등하다. 요즘 흔히 하는 말로 금 수저를 물고 태어나는 사람들이 있는가 하면 대부분은 흙 수저를 물고 태어난다.

그러나 모든 사람이 똑같이 평등하고, 공평하게 지니고 있는 단 한 가지 자산이 있는데 그것은 시간이다. 또한 시간은 가지고 있는 사람이 스스로 선택하여 쓸 수 있는 유일한 자산이기도 하다. 지금까지 성공한 사람들을 살펴보면 대개 한 가지 일을 최소한 1만 시간 넘게 노력했다는 공통점을 가지고 있다.

이것을 “일 만 시간의 법칙”이라고 말콤 글래드웰이 아웃라이어라는 책에서 성공의 기회를 발견한 사람들에게서 찾아낸 공통점이라고 말했다. 대부분의 모든 사람이 일 만 시간 동안 한 가지 일에 집중하여 반복적으로 노력하면 그 분야의 정상에 설 수 있다는 것이다.

## × 시간이 재산이다.

인생의 모든 단계는 복잡함과 불확실성으로 가득 차 있다. 개인으로서 우리는 기한이 정해지지 않은 인생을 대면한다. 그 시간 동안 우리의 주변 세계는 한층 더 예측할 수 없다.

시간을 활용해 성공에 이르려면 의식적으로 힘든 노력이나 연습이 수반돼야 한다. 더 많이 일하고 더 많이 공부하고, 더 많이 뛰어야 하는 만큼 더 많은 수고를 동반한다.

여기서 가장 중요한 것이 어떻게 시간을 확보하고 그것을 어떻게 이용하느냐이다.

시간이라는 요소는 별다른 노력을 들이지 않아도 되는 주변의 지원과 운에 비하면 매력이 떨어질 수 밖에 없다. 그러나 시간은 스스로 통제가 가능하다. 그저 주어지기를 바랄 수 밖에 없는 지원과 운에 비해 시간은 통제할 수도 있고 만들 수도 있다.

따라서 내가 가지고 있는 가장 큰 재산인 시간을 잘 활용해야한다.

시간을 잘 활용한다면 시간은 확실한 보상을 가져온다. 노력과 연습에 들인 시간만큼 결과를 보여준다. 세상 일이 오직 주변의 지원과 운에 의해 결정된다면 사람은 좌절할 수 밖에 없지만 시간이라는 요인이 있기 때문에 주위의 지원과 운이 없는 사람에게도 기회가 생긴다.

시간은 돈을 주고도 살 수 없는 우리 인생의 소중한 자원이다.

시간이 많은 어린이는 이미 다 써버려 시간을 적게 가진 어른들보다 부자이다.

우리의 미래 모습은 노력한대로, 뿌린 대로 거둔다.

여러분은 지금 이 시간에 어떤 씨앗을 뿌리고 노력하고 있나요?

시간을 효율적으로 활용하기 위해서는 효율적인 계획을 세워야 한다.

가령 우리가 죽었을 때 우리에게 생명을 주신 창조주가 영혼을 심판한다면 가장 큰 죄목은 무엇일까?

아마도 그것은 가치 있어야 할 인생을 무가치하게 시간을 낭비한 죄일 것이다.

꿈을 이루기 위하여 반드시 해야 할 것은 시간의 사용계획을 세우는 것이다.

시간의 계획을 세울 때 먼저 알아야 할 것은 자신이 쓸 수 있는 시간의 한계를 알아야 한다.

계획을 세우기 위해서 먼저 고정 시간표를

작성해야 한다.

고정 시간이란 자신이 마음대로 쓸 수 없는 없는 시간, 즉 학교에 가거나 학원에 가서 공부하는 시간 등을 말한다.

고정 시간표를 바탕으로 자신이 스스로 공부 할 수 있는 시간을 파악하고 구체적으로 목표 공부 시간을 적어 시간 사용계획을 세워야한다.

형식적인 시간 배분보다는 목표 설정이 우선이고 그것을 가장 효과적으로 이룰 수 있도록 전략을 세우고 난 뒤 그 전략을 시간 속에 장기-중기-단기 순으로 배치시켜야 한다.

공부할 때와 놀 때를 확실하게 구분할 줄 아는 태도야말로 시간 관리의 첫걸음이다.

그리고 계획한대로 잘 실행하였는지 매일 점검하고 반성하는 과정을 통하여 시간관리를 잘하게되고, 더욱 멋있어지는 자신을 발견하게 된다.

그 후에는 계획표에 없는 자투리 시간을 어떻게 쓸지 계획을 세우고 '자기 스스로 공부하는 시간표'를 작성해 보자.

자공 시간표란 자신이 '스스로 공부하는 시간' 을 정리한 시간표를 말한다.

자공 시간을 확보하기 위해서는 일단 내가 사용한 시간을 있는 그대로 정리한 뒤 그 중 잘못 사용했다고 생각하는 시간을 찾아내야한다.

그 다음 시간을 어떻게 써야 할지 계획을 세우고 그 다음 그 시간을 잘 사용 하였는지 아닌지를 매일 반성하고 점검하여 잘못된 것을 고쳐나가면 된다.

그래서 시간은 돈이요, 자신의 미래를 결정하는 강력한 재산이다.

시간을 잘 활용하는 사람은 승리자가 된다.

승리라는 것은 무엇인가?

승리는 경쟁자를 이기는 것이 아니고, 무의미한 것에 시간을 허비하는 습관을 이기는 것이다.

우리들은 하루 한 시간 동안 얼마만한 일을 할 수 있을까? 하루에 한 시간씩 10년을 계속한다면, 아무것도 배우지 못한 문맹자라도 해박한 지식을 갖게 된다.

최소 한 시간이면 책 10페이지를 충분히 읽을 수 있고 적어도 1년이면 책 3650페이지를 읽을 수 있다.

그러므로 하루 1시간은 무의미하고 무가치한 인생과 가치 있고 행복한 인생을 구별 짓게 한다.

성공을 하기 위해서는 얼마나 열심히 공부하고 노력하였는가? 얼마나 강인한 참을성으로 온갖 곤란을 극복하였는가? 얼마나 끊임없이 실천하였는가? 건강을 해치지 않는 범위 내에서, 경쟁자보다 일찍 일어나서 더 많이 일하는 사람이 승리자가 된다.

열심히 노력하는 사람들에게는 뜻하지 않는 행운도 찾아온다.

아무런 목적도 없이 허송세월하는 사람들이 모르고 지나쳐 보내는 일을 재빨리 붙들어서 활용할 수 있는 행운이 당신의 눈앞에서 무수히 기다리는 것이다.

또한 일정한 목적을 갖고 있음으로 해서 비로소 여러 가지의 적극적인 시도를 꾀하게 되고, 진취적인 모험을 한다면 행운은 나에게 찾아와 실현된다.

**× 매일매일 꾸준히 쉬지 않고 노력하는 일 만 시간의 법칙.**

대부분의 사람들은 계획을 세우고 결심을 하지만 그것을 오래도록 꾸준히 쉬지 않고 하는 사람은 드물다.

결심은 누구나 할 수 있지만 그것을 실천하는 이는 많지 않다. 요즘 같은 속도의 시대에 꾸준함은 더 두드러진 미덕이 된다.

더구나 오랜 기간 그 계획과 결심을 꾸준히 계속하는 사람은 더 적다.

성공을 향한 '시동'을 계획과 결심으로 걸었다면, 행동과 꾸준한 실천이라는 '기어'를 넣고 매일 반복과 꾸준함이라는 '연료'를 넣어야 성공이라는 목적지에 도착할 수 있다.

매일매일 꾸준히 쉬지 않고 하지 않으면 대가의 경지에 오를 수 없다. 반짝 행운으로 단숨에 유명세를 타고 각광을 받을 수는 있지만 이는 모래 위에 지은 집과 같다. 하루아침에 얻은 결과는 한순간 사라질 수 있기 때문이다. 이와 달리 오랜 시간을 지속해 얻은 결과는 여간해서는 무너지지 않는다.

꿈을 이루고 성공한 사람들은 일만 시간이 넘게 자신이 꿈꾸고 잘하는 일에 노력과 연습에 투자해 성공을 이뤘거나 최소한 성공의 발판을 마련했다.

우리가 살면서 주위의 지원도 없고, 운도 기대할 수 없지만 일만 시간의 법칙을 이해하고 이를 잘 활용한다면 성공할 가능성은 아주 많다.

일만 시간은 매일 3시간을 투입한다고 가정하면 대략 10년이 되어야 도달 할 수 있는 긴 시간이다. 그래서 보통 예로부터 10년 공부라 하였다.

문제는 똑같이 일만 시간을 한 분야 또는 한 직장에 쏟아 부었다 하더라도 성공하는 사람이 있는가하면 성과를 내기는 커녕 실패자가 되는 사람도 있다는 점이다. 똑같이 일만 시간을 들여 직장에 다니고, 사업을 하고, 운동을 했지만  결과는 천차만별인 것이 현실이다.

무엇이 차이를 만드는 것일까?

이유는 바로 '연습의 질'과 뛰어난 스승이나 맨토를 만났느냐 만나지 못했느냐의 차이다.

연습은 '되풀이하여 익힘'을 의미한다. 한 분야에 1만시간 이상을 투입했다는 것은 그 만큼 많은 연습을 했다는 말이 된다. 똑같이 일만 시간을 투자하였어도 전문가 반열에 올라서 핵심인재가 되는 사람이 있는가하면 그렇지 않은 사람도 있는데 그 이유는 뛰어난 스승으로부터 가르침을 받거나 멘토의 지원을 받고 하는 사람과 그렇지 않은 사람과의 차이거나 연습의 질이 다르기 때문이다.

꿈을 이루고 성공한 사람은 가장 잘할 수 있는 일에서 뛰어난 스승을 만나 뚜렷한 목표를 정해 지독하게 몰두하고 끝까지 버틴다. 한 가지 목표가 이뤄지면 양파껍질을 벗기듯이 남다른 길을 찾아 새로운 도전에 나선다. 그렇기 때문에 실패에 개의치 않고 결코 좌절하지 않는다.

이와 달리 뒤쳐진 사람은 좋아하는 일이나

목표가 분명치 않고 몰두하거나 버티는 시간이 짧다. 작은 성과에 쉽게 만족해 안주하기 십상이며 모르는 일을 두려워하고 과거에 매달린다. 따라서 작은 실패에도 방향을 잃어 쉽게 낙심하고 절망한다.

세기의 바이올리니스트로 꼽히는 나탄 밀슈타인은 어릴 적 스승에게 곡 하나를 제대로 연주하려면 하루에 몇 시간이나 연습해야 하냐고 물었다. 스승은 이렇게 답했다. '아무 생각 없이 손가락만 움직이면 하루 종일 연습해도 모자라지만, 온 신경을 연주에 모으고 손놀림 하나하나에 집중해 연습하면 2~3시간이면 족할 것이다. 다시 말해 연습을 할 때는 거기에 몰입해서 하나만을 생각하고 온정신을 집중해서 해야 한다는 가르침이었다.

사람들은 어떤 목표를 이루기 위해 자신의 모든 잠재능력을 집중하면 즉시 초인처럼 엄청난 능력을 발휘할 수 있다는 사실을 잘 모르고 있다. 잘 조절된 집중력은 마치 레이저 광선 같아서 우리를 가로막는 어떤 것이라도 뚫고 나갈 수 있다. 일도 대인관계도 모두가 마찬가지이다. 정신을 집중하면 눈빛이 종이를 뚫는다고도 한다.

어떤 분야를 개선하기 위해 지속적으로 생각

의 초점을 집중하면 그 분야를 향상 시킬 수 있는 독특한 방법을 개발하게 된다. 사람들이 간절히 원하는 것을 성취하지 못하는 가장 큰 이유는 거기에 있다.

가히 꾸준함과 독종의 지존이라 할 만한 사람으로 근대 과학의 창시자라 불리는 영국의 아이작 뉴턴이 있다. 흔히 뉴턴은 어느 사과나무에서 사과가 떨어지는 광경을 보고 만유인력의 법칙을 찾아낸 천재 과학자로 알려져 있지만 기하학 책을 읽으며 땀을 뻘뻘 흘렸던 그의 일화에서 짐작할 수 있듯 뉴턴은 타고난 천재보다는 꾸준히 노력하는 노력파에 속했다.

19세 대학생이 되어 대학에서 배우는 기하학 책은 너무 어려웠다. 첫장부터 도무지 알아먹기 힘든 내용의 연속이었다. 깨알 같은 설명은 읽을 엄두도 내기 어려웠지만 그는 포기하지 않았다. 첫 페이지를 세 번 연속 읽으니 어렴풋이나마 감이 잡혔다. 세 번을 더 읽으니 그제야 무슨 얘기를 하는지 조금 이해 할 수 있었다. 다음 페이지를 보니 다시 눈 앞이 깜깜해 졌다. 앞장에서 읽은 내용까지 오락가락 했다. 스스로의 아둔함에 화가 치밀었지만 그는 한번 무엇이든지 붙잡으면 끝장을 보는 그런 사람이었다. 그는 '이판사판, 어디 끝장을 내보자하며 모르는 것은 친구와 교수에게 물으며 열 번이고 스무 번이고 같은 내용을 반복하고 이해하였다. 그렇게 하루에 7~8시간씩 공부를 하여 결국 그는 한 달만에 두툼한 기하학 책을 독파 할 수 있었다. 물론 내용도 완전히 깨우쳤다. 난공불락 같았던 어려운 기하학 책을 독파하고 나니 자신이 붙었다. 그래서 다른 수학 책을 보고 똑같은 방법으로 그것을 공부하였다. 내용을 완전히 이해 할 때까지 무한반복을 하였다. 매일매일 책 속에 파묻혀 공부만 하다보니 밥 먹는 것도 잊어버릴 때가 있었다.

그러다보니 사람의 꼴이 말이 아니었다. 얼굴은 푸석푸석, 눈은 토끼 눈이 됐다. 하지만 어려운 수학 책을 한 권 씩 정복해 나는 즐거움에 그는 힘든 줄을 몰랐다. 이렇게 1년이 지나자 대학에서 지정해 준 수학 교과서를 모조리 끝냈고 6개월이 더 지나니 수학교수들 보다도 책을 더 많이 읽고 더 많이 아는 학생이 되어 있었다. 누구보다도 더 많은 시간을 들여 공부하고, 연구하고, 어떤 문제를 보면 거기에 몰입하였다. 그 결과 그는 하나의 사과에서 과학사에 길이 남을 만유인력의 법칙을 발견하고 근대 과학의 창시자가 되었다. 바로 그 비결은 꾸준한 노력과 연구의 결과이었다.

**× 한 가지 일에 집중하고 몰입해야 한다.**

꿈을 이루고 성공하고 싶다면 자신이 좋아하고 잘하는 일에 집중하고 몰입해야한다.
볼록 렌즈를 이용하여 종이를 태울 때에도 태양 빛의 초점이 맞아야 종이를 태울 수 있으므로 끈질긴 집중이야말로 위대한 성공의 기초이다.

대부분의 사람들은 할 일도 많고 하고 싶은 일도 많다. 하지만 쓸 수 있는 시간은 한정되어 있다. 그래서 시간을 활용하기 위해 두 가지 일을 동시에 하거나 먹고 자는 시간을 줄여서 자신이 하고자하는 일을 하는데 쓴다.

이런 삶은 결국 성과를 내기는커녕 관계와 몸까지 망친다. 제시간에 필요한 일을 '잘' 해내는데  가장 필요한 것은 무엇일까?.
바로 집중력이다

우리는 하루에도 수 십 가지 일들을 생각하고 결정을 내린다. 직선이 점들의 연속으로 이루어졌듯이 우리가 보내는 시간들은 결정의 연속이라고 말할 수 있다.

그런데 진지하게 생각해보자, 나는 주어진 일이나 과제에 대해서 얼마나 오랫동안 생각하는 시간을 가졌는가?

얼마나 신중하게 판단한 다음 결정을 내리고 행동하였는가?

자세히 들여다보면 의외로 아무런 생각 없이 결정을 했을 때가 많다.

너무나 쉽게 결정해 버리고, 그 결정에 대한 책임과 결과는 고스란히 내가 감당해야 할 몫이고, 책임이었다. 그러나 성공적인 인생을 살았던 사람은 다르다.

이들은 자신 앞에 닥친 문제들을 결정하기 전에 오랫동안 생각하고 사색하는 시간들을 가졌다. 다르게 말하자면 몰입과 집중의 시간을 가졌다.

그리고 자신이 생각했던 것 중에 최상의 방법을 선택해서 결정을 내렸다. 그러니까 항상 최선의 삶을 살 수 있었고, 이것이 인생의 성공으로 이어질 수 있었던 것이다.

만유인력의 법칙을 발견한 뉴턴에게 누군가가 "당신은 어떻게 해서 이러한 중력의 법칙을 발견하게 되었느냐?"라고 질문했다.

그때 뉴턴이 했던 말은 "한 가지만, 오직 그것 한 가지만 생각했다"라고 답했다.

또 상대성이론을 발견한 아인슈타인은 "몇 달이고 몇 년이고 한 가지만 생각하고, 또 생각한다. 그러다보면 99번은 틀리고, 100번째

가 되어서야 비로소 맞는 답을 찾아낸다”고 했다.

또 워런 버핏이 설립한 회사인 버크셔의 직원은 “버핏은 하루 24시간 버크셔에 대해서만 생각 한다”라고 했다.

이것을 통해서 우리는 이들이 발견을 하거나 발명한 내용들이 사색과 몰입의 결과라는 것을 알 수 있다. 그들이 우리보다 천재였기 때문이 아니다. 우리보다 뛰어났기 때문이 아니다. 그들은 오로지 자신들이 연구하고 있는 그것 한 가지만 붙잡고 생각하고 또 생각했다.

온전히 그 문제에 몰입하고 집중했다. 이러한 사람이 인류역사를 바꾸고 문명을 바꾸었다

여러분들은 어떤가? 어떤 문제 앞에서 무조건 행동부터 앞서는 태도를 바꾸어 그 문제를 놓고 진지하게 생각해보고 집중한 적이 있는가?

그런 다음 최상의 방법을 선택해서 그 방법에 올인한 적이 있는가?

만약 그렇게 한다면 내가 가지고 있는 능력은 극대화될 것이고 다른 사람들이 하지 못한 놀라운 일들을 해낼 수 있을 것이다.

어리석은 사람은 일하는 시간이 많고 지혜로운 사람은 생각하는 시간이 많다. 생각하고 집

중하고 몰입하라. 생각의 혁명이 인생의 혁명을 가져온다. 집중력과 몰입이 인생의 성패와 행복을 결정한다.

몰입이란 한 가지 생각이나 활동에 완전히 집중하는 것을 말한다.

어떤 일에 다른 잡념 없이 집중하려면 어느 정도의 시간이 걸리는데, 몰입을 하려면 자신이 특별히 좋아하는 일에 집중을 해야 한다

게임이나 독서, 마라톤, 영화, 바둑, 당구, 체스… 등 밤을 샌 일

그리고 위험한 순간에는 자동으로 고도의 집중을 하게 된다.

암벽등산, 자동차 고속주행, 도박……

이렇게 집중하는 시간이 길어지면 마음은 고요하게 되고 몰입상태에 빠진다.

모든 생각이 사라지므로 순수한 기쁨이 온다. 시간가는 줄 모르고 지치지 않고 아주 빠른 두뇌회전으로 효과적으로 일을 수행 한다

고도로 집중된 몰입된 상태에서 벗어나면 일상의 의식상태(잡념이 섞인 분주한 의식)로 다시 돌아온다.

몰입이 아주 깊어지면 밤새는 것도 잠시뿐, 심리적인 시간이 멈추기 때문에 시간가는 줄

모른다. 게임이나 도박, 일을 하면서 하루, 이틀 이상도 밤새는 경우도 있는데 이것은 바로 몰입의 힘 때문이다.

독서에 아주 깊이 빠진 상태를 독서삼매경이라고 하는데, 삼매는 아주 깊은 집중을 말한다.

삼매와 몰입의 차이는 삼매는 자신이 아주 깊은 몰입상태에 빠졌다는 것을 완전히 인식하고 있으며, 자신이 처음부터 집중된 상태로 몰입에 진입했다가 빠져나오는 순간까지 모두를 인식 한다

몰입은 자신이 나중에 몰입에서 빠져 나와서야 자신이 그런 기분 좋은 상태에 있었다는 것을 아는 것이다.

몰입은 자신도 모르게 한 가지 일에 깊이 빠지는 것을 말하는데, 밥 먹는 것도 잊어버릴 정도이다

굳센 인내와 노력 없이 천재가 된 사람은 아무도 없다.

일 만 시간의 법칙을 가지고 한 가지 일에 집중하고 몰입한다면 천재 아닌 사람이 없다.

## * 좋아하는 일에 집중하라

좋아하는 일에 집중하고 몰입하여야 꿈을 더 빨리 이룰 수 있다.

예일대의 스툴리 블로트닉 연구소는 '졸업생의 부 증식 현황'에 관한 연구에서 1965년부터 20년 동안 예일대와 하버드대 학생 1,500명의 졸업 후 생활을 파악했다.

이들이 어떤 기준에 따라 직업을 선택했고 사회생활을 통해 얼마나 많은 재산을 모았는지를 추적한 것이다.

조사결과 우선 직업선택에 있어서 전체 1,500명 가운데 83%에 해당하는 1,245명은 좋아하는 일보다는 돈을 많이 벌 수 있는 일을 직업으로 택한 것으로 나타났다.

연봉이 직업선택의 가장 중요한 기준이었던 것이다. 반면 나머지 17%(255명)는 보수는 적더라도 자신이 좋아하는 일, 꿈과 관계된 일을 직업으로 선택했다.

여기까지는 특이할 것이 없다. 요즘처럼 사람이 가진 돈으로 평가받고, 부자가 되는 것을 지상과제처럼 여기며 모두가 재테크 전문가가 되어야 하는 물질만능 시대에 이들 17%

의 사람들은 순진함을 지나 모자란 사람들로 보일 정도다.

그러나 20년 후 연구 대상 학생들이 재산을 얼마나 모았는지 파악하니 놀라운 결과가 나왔다. 전체 1,500명 가운데 이른 바 백만장자 반열에 오른 사람은 101명이었다.

그런데 이들 중 돈벌이를 기준으로 직업을 골랐던 사람은 단 한 명뿐 이었다.

나머지 100명은 사회에 발을 디딜 때 자기가 하고 싶은 일을 택했던 사람이었다.

돈을 추구한 그룹과 좋아하는 일을 쫓은 그룹이 백만장자가 된 비율은 각각 0.08%대 39.2%이었다.

물론 돈이 성공의 절대적인 척도가 될 수는 없겠지만 '좋아 하는 일'을 하는 위력을 엿보기엔 충분한 근거다.

돈을 목적으로 하기 싫은 일을 하기보다는 진심으로 즐길 수 있는 한 가지 일에 집중하는 것이 현명한 선택이라는 것을 예일대 연구는 잘 보여준다.

**× 실패를 두려워하지 않아야 한다.**

삶이란 어차피 실패의 연속이다. 꿈을 이루기 위해서 실패와 실수는 반드시 치루어야 하는 하나의 과정이다.

그러기에 실패와 실수가 문제가 되는 것이 아니라, 실패 후 좌절하거나, 실수 후 반성이 없는 것이 문제이다. 실패 후 다시 일어설 수만 있다면, 실수 후 또 다시 같은 실수를 하지 않을 수만 있다면 실수와 실패는 성공의 어머니이다. 실패했을 때는 다시 일어서라.

아픈 만큼 성숙해지듯이 인간은 성공보다는 패배에서 더 많은 것을 배울 수 있다.

똑같은 실패와 실수를 반복하지 않는다면, 그것은 좀 더 완벽한 인간을 만드는 하나의 과정이 될 수 있을 것이다.

실력도 의지력도 노력도 중요하지만 무슨 일이든 잘되지 않으면, 우선 거기에는 무엇인가 나의 잘못이 있다고 생각하라.

일이 제대로 되지 않을 때, 상대와의 경쟁에서 탈락되었을 때, 남을 원망하지 말고 그 원인을 나에게서 찾아라.

그리고 생각할 여유를 가지면서 재도전하든

지 우회하라.

사람은 평생 공부하고, 평생 실수하고, 평생 후회하며 살아가고. 그러나 고의적인 잘못이나, 치명적 실수, 그리고 돌이킬 수 없는 후회는 한 순간에 우리가 그 동안 쌓은 공덕을 허물어뜨린다는 점을 잊어서는 안 된다.

세상을 살아가면서 불의와 불법, 편법은 좀 더 빠른 시간에 남들보다 더 잘살게 하고, 빠른 성공과 성취를 이르게 한다.

그러나 그런 성공과 성취 뒤에는 언제나 큰 위험이 도사리고 있다.

그러한 위험에 처한다면 자신이 평생 쌓아올린 성공의 탑도 한 순간에 허물어 질 수 있다.

따라서 불의와 불법, 편법과는 타협하지도, 보고 듣지도 말아야 한다.

언제나 정의롭고, 정직한 바른 마음과 자세가 실수와 실패를 하였더라도 오뚜기처럼 다시 일어나 꿈을 이루고 성공하도록 한다.

세상에서 큰일을 한 사람은 한결같이 남들이 자는 시간에 늦게 자든 일찍 일어나든, 실패를 딛고 일어나 자신의 일에 몰두한 사람들이다. 남들처럼 먹고 자고 놀아서는 남을 앞서 나갈 수는 없다. 즉 남과 같이 해서는 남보다 앞 설 수는 없는 것이다.

## 4. 꿈을 이루려면 반드시 동반자가 필요하다.

자신의 꿈을 이루려면 반드시 동반자가 필요하다. 동반자 없이 꿈을 이룬 사람들은 거의 없다. 앞서 살펴본 모든 사람들도 모두 다 동반자가 있었다. 책이 때로는 동반자가 되어주기도 하였고, 어머니, 그리고 친구, 스승이 동반자가 되어 나의 꿈을 이루도록 도와주었다.

꿈을 이루기 위한 동반자는 일단 자신의 가족이 되어야하고, 그 다음은 친구나 스승이다.

아무리 한 사람이 뛰어나더라도 여럿이 무리를 지어 생각을 하거나 공격하는 것을 뛰어난 한사람이 당해내지 못한다.

혹독한 자연계에서 살아남기 위하여 곤충이 되었든, 동물이 되었든, 무리를 지어 생활하면서 스스로를 지켰고 안전을 보장 받았다.

따라서 무리를 지어 생활한다는 것은 바로 동반자와 함께 생활하였다는 뜻이다.

꿈도 혼자 그것을 이루려고 하기보다는 동반자와 같이 꿈을 공유하고 그것을 이루려고 노력하는 것이 꿈을 이룰 가능성이 더 많다.

꿈은 가족이나 친구, 스승과 같이 공유할 때 실현 가능성이 더욱 커진다.

꿈을 이루려면 여러분의 가족과 친구들에게

꿈을 이야기하라. 여러분의 부모형제나 친구와 손을 잡고 목표를 향해 함께 가라.

꿈을 공유하기 위해서는 가족들 모두 눈에 잘 보이는 곳에 목표를 적어 두는 것이 좋다.

여러분이 꿈을 이루기 위해 어떤 노력을 하고 있는지도 가족과 친구들에게 이야기하라. 그러면 친구와 가족들은 참여의식을 갖게 되고, 놀랄 만큼 많은 지지와 격려를 보내주기도 한다. 그리고 여러분이 의기소침해하면 그들이 목표를 상기시키면서 다시 일어설 수 있는 힘을 주기도 한다.

가족과 친구들이 여러분의 편이라는 사실을 알고 있으면, 훨씬 더 의욕적으로 일 할 수 있다는 사실을 명심하라.

여러분의 주위를 둘러보고 우리를 감동시키고 만족을 줄 수 있는 대상이나 강한 신념을 가지고 일생을 바칠만한 대상을 찾아보라.

그러한 일을 찾아 꿈을 성취 한다면, 여러분은  완전한 자유인이 될 것이다. 물론 그렇게 하기가 쉬운 일은 아니다. 그렇지만 그것은 해 볼 만한 가치가 있다.

여러분 자신을 위해 꿈과 목표를 설정하라. 개인적인 희망보다 더 큰 뭔가에 전념하라. 그것이 여러분을 백 만 장자로 만들어주지 않아도 좋다. 다른 사람들이 여러분에게 좋은 꿈이나 목표가 아니라고 말하여도 상관없다. 여러분의 의지에 따라 꿈을 포기하지 않고 인생을 바치고 노력할 만한 가치가 있는 '커다란 뜻'을 찾아라.

### × 꿈을 이루는 동반자 멘토

동반자와 함께 만들어가는 꿈이야말로 최고라고 할 수 있다.

큰 꿈과 목표를 세우고 도전하는 사람들에게 한 마디 충고는 때로는 결정적인 영향을 미친다.

사람들은 이처럼 핵심적인 조언을 해 주고 나와 함께 꿈과 목표를 이루기 위하여 노력하는 사람들을 멘토라 한다.

영어에서 '스승'을 뜻하는 '멘토'는 그리스신화에 나오는 오디세우스의 친구 멘토르(Mentor)에서 유래하였다. 멘토르는 오디세우스가 트로이전쟁에 출정하여 20년이 되도록 귀향하지 않는 동안 그의 아들 텔레마코스를 돌보고 가르쳤다. 그래서 그의 이름은 '현명하고 성실한 조언자' 또는 '스승'의 뜻을 지니게 되었으며,

'지혜와 신뢰로 한 사람의 인생을 이끄는 지도자'의 동의어가 됐다.
경험과 지식이 많은 사람이 스승 역할을 하여 지도와 조언으로 그 대상자의 실력과 잠재력을 향상시키는 것 또는 그러한 체계를 '멘토링'이라고 하는데, 스승 역할을 하는 사람을 '멘토(mentor)', 지도 또는 조언을 받는 사람을 '멘티(mentee)'라고 한다. 멘토와 멘티의 관계는 살아가는 과정에서 자연스럽게 형성되기도 하고, 기업 등의 조직 안에서 인위적으로 활성화되기도 한다.

멘토는 꼭 대단한 위인이거나 유명 사람이어야 할 필요는 없다. 부모, 형제, 스승, 친구 모두 멘토가 될 수 있다. 책도 훌륭한 멘토가 되어준다. 따라서 꿈을 이루기 위해서는 반드시 멘토라는 동반자가 있어야 한다.
신뢰할 수 있고, 지혜로운 사람이 곁에 있다는 것은 꿈을 이루기 위하여 신이 나에게 준 축복이다. 특히 선택의 기로에 있을 때, 도무지 해결의 길이 보이지 않을 때마다 멘토의 조언을 듣는 것은 큰 힘이 된다. 때로 잘못된 길로 빠질 때도 호되게 꾸짖어 주는 멘토가 없다면 본궤도로 쉽게 돌아올 수 없다.

꿈을 이룬 사람들은 대부분 멘토를 한두 명쯤 가지고 있다.
브라질의 축구선수 펠레는 축구 역사상 최고의 선수로 꼽힌다. 그의 뛰어난 점은 출중한 실력도 실력이지만 그를 더욱 빛나게 하는 것은 경기매너다.
펠레는 관중들에게는 진심으로 존경을 표했고, 언제나 상대방 선수를 적이 아닌 선의의 경쟁자로 대했다. 그는 어떠한 경기라도 경기 도중 납득하기 어려운 상황이 발생해도 흥분하지 않고, 자신의 감정을 다스릴 줄 아는 선수였다.

펠레가 이처럼 대단한 감정조절 능력을 가지게 된 것은 그의 아버지 덕분이었다.
펠레는 축구선수였던 아버지의 경기를 자주 보러 다녔다. 어느 날 펠레는 관중석에서 아버지의 경기를 지켜보고 있었는데 그의 아버지는 드리블로 상대 수비를 제쳤지만 머뭇거리다 골을 넣지 못했다.
그러자 펠레 옆에 앉아 경기를 보고 있던 관중들이 욕을 하며 고함을 지르고 야유를 했다.
이에 격분한 펠레는 그들과 싸움을 벌렸고, 주먹다짐 직전까지 치달은 끝에 간신히 진정

됐다. 그날 밤 아버지는 펠레를 앉혀놓고 조용하지만 단호하게 말했다.

화가 나는 것은 스스로에게 화가 났기 때문이다. 화가 난다해서 남에게 시비를 거느니 제 몸을 걷어 차는게 낫다.

경기에서 뛸 때는 화를 다스리는 것이 무엇보다 중요하다. 자기감정 하나 제어하지 못 하는 사람은 결코 상대방을 이길 수 없다.

어린 펠레는 아버지의 이 말을 가슴깊이 새기며 인생의 좌우명으로 삼았다.

또 다른 일화도 있다. 축구에 천부적 재능을 가졌던 펠레가 어느 날 친구들과 담배를 피우다 아버지에게 들켰다. 아버지는 부드럽지만 단호한 어조로 말했다.

"넌 축구에 재능이 있고, 뛰어난 일류 축구선수로 성공할 가능성도 있지만 담배를 피우면 아무 것도 될 수 없다. 90분 동안 경기장을 뛸 수 있는 건강과 체력을 유지할 수 없기 때문이다. 그러니 너 스스로 선택하라 만일 위대한축구선수를 포기하고 계속 담배를 피울 생각이라면 이 돈으로 담배를 사서 피우도록 해라."

아버지는 낡은 지갑을 열어 구겨진 지폐 몇

장을 꺼내 주었다. 그 후 펠레는 두 번 다시 담배를 입에 대지 않았고, 최고의 축구선수가 되기 위한 연습에 몰입했다.
멘토는 이처럼 결정적인 순간에 자극과 조언과 정서적 안정을 준다.
 여러분이 꿈을 이루고 싶다면 너와 마찬가지로 다른 사람이 해낼 수 있는 일은 하지 마라.
 너와 마찬가지로 다른 사람이 말할 수 있는 것은 말하지 마라.
 쓸 때도 마찬가지로 그런 것은 쓰지 마라.
 아무 데도 없고, 단지 너에게만 존재하는 것에 충실함으로써 너 자신을 필요불가결한 사람으로 만들라.

 아무리 꿈을 이루고 성공해도 기쁨을 함께 나눌 사람이 없으면 소용이 없다.
우리가 진정으로 바라는 감정은 다른 사람과의 유대감이니까 말이다.
 여러분은 동반자인 멘토, 즉 가족이나 친구, 스승을 매일 생각하면서 그들과 유대감을 강화하고 친밀감과 매력을 새롭게 느껴라.
 “내 인생에서 멘토를 만나게 되다니, 얼마나 행운인가" 멘토인 동반자와 인생을 함께 해서 좋은 점을 많이 연상하고, 끊임없이 자신에게 질문하면서 크나 큰 즐거움을 느끼고 지속적으로 자신의 머릿속에 그 느낌을 심어라.

멘토인 동반자에게 예상치 못한 즐거움을 주는 방법을 끊임없이 모색하라.

사랑이 충만한 가슴은 무엇이든 포용할 수 있지만, 텅빈 가슴에는 아무 것도 들어갈 수 없다.

가장 소중한 멘토들과 이야기하는 시간을 가져라. 가장 중요한 것이 무엇인지 찾아내고 이야기하라.

내 꿈을 이루는데 해야 할 최고의 가치는 무엇이며, 어떻게 노력해야 그것을 이룰 수 있는지 이야기하고, 그 꿈이 이루어지면 어떤 느낌이 생길까 상상하라.

동반자와 함께 이루려 하는 꿈은 반듯이 이루어진다.

## 5. 좋은 습관이 꿈을 이루게 한다.

우리나라 속담에 '세 살 버릇 여든까지 간다'라는 속담이 있다. 습관은 쉽게 만들어지지는 않지만, 한 번 길들여지면 고치기도 힘든다는 것을 말하는 것이다. 습관이란 같은 상황에서 반복된 행동의 안정화 또는 자동화된 수행을 말한다. 좁은 의미로는 반복에 의한 근육 운동이나 건(腱) 운동이 정형화되는 것을 말하지만, 주기적으로 반복하는 식사나 수면 습관, 풍속·문화 등 넓은 관습에 대해서도 습관이라고 한다.

습관은 우리가 생각했던 것보다 훨씬 사람들에게 더 많은 영향을 미치고 있다. 습관을 어떤 방향으로 사용하느냐에 따라서 행복과 불행이 결정될 수도 있고, 성공과 실패가 결정될 수도 있다.

누군가는 이것 때문에 인생이 성공했다 한다. 또 누군가는 이것 때문에 인생이 망쳤다고 한다.

모든 사람들은 무엇을 가져야 성공하는지 무엇을 버려야 실패하는지를 모두 알고 있다.
하지만 이것은 가지고 싶다고 쉽게 가질 수 없고 싫다고 버리기도 어려운 것이다.

그래서 사람들은 괴롭다.

억 만금을 주고도 살 수 없는 이것은 습관이다.

세계의 최고 갑부 빌게이츠는 습관은 "다른 사람의 좋은 습관을 내 습관으로 만드는 것"이라고 했다.

좋은 습관을 가졌느냐 그렇지 않느냐가 성공의 70% 이상을 좌우한다.

사람들은 누구나 똑같은 생각을 가지고 있다. 이왕이면 행복과 성공의 방향으로 갈 수 있는 좋은 습관을 지니고 싶어 하지만 이런 마음을 가지고 있다고 해서 좋은 습관이 저절로 생기는 것은 아니다. 좋은 습관은 오랫동안 가지고 가려고 노력하고 나쁜 습관은 좋은 습관으로 바꿀 수 있는 노력이 필요하다.

**× 좋은 습관을 여러분의 동반자로 만들어라**

자신이 1초 전에 어떤 일을 했는지 기억 못 하는 사람이 매일 똑같은 일을 반복하고 행하다 보면 이것이 자연스럽게 습관으로 남아서 자신도 모르게 몸을 움직이게 한다. 우리의 기억은 사라져도 습관은 우리 몸속에 남아서 우리를 지배하고 있다.

학습이나 의사결정에 대해서는 전혀 기억을 하지 못하더라도 보이지 않는 습관은 무의식적으로 우리의 몸과 마음을 지배하여 자기도 모르게 습관적으로 행하고 있는 자신의 모습을 보게 된다.

보이지 않는 습관은 우리의 행동에 깊은 영향을 미친다. 습관을 실천하게 되면 크고 작든 보상을 받게 되고 우리의 몸은 그런 보상을 받기 위해서 무의식적으로 습관을 반복하게 된다.

꿈을 이루기 위해서는 좋은 습관을 동반자로 만들어야 한다.

좋은 습관은 긍정적인 힘을 가지고 있지만 나쁜 습관은 무의식적으로 행하는 부정적인 힘도 가지고 있다. 습관은 신호와 반복 행동 그리고 보상이라는 세 가지 단계로 구성되어 있다.

나쁜 습관을 고치고 새로운 좋은 습관을 만들려고 한다면 익숙한 신호와 보상을 활용해야한다. 보상을 통하여 새로운 활동을 받아들이도록 설득을 하면 된다.

스포츠 경기에서 연패를 하고, 연승을 하는 것은 어쩌면 습관의 하나라고도 할 수 있다.

매번 지는 팀은 이기는 것을 누구보다 갈망

하지만 지는 것이 습관이 되어 연패를 하는 것이고, 이기는 팀은 이기는 것이 습관이 되어 연승을 하게 되는 것이다. 이 때문에 연승을 당하거나 연패를 당하고 있으면 그것을 깨는 것이 무척 힘들다.

몸에 그대로 새겨진 습관이 결과까지 달라지게 만들어 낸다는 것을 알 수 있다.

대한민국 스포츠 영웅인 김연아 선수와 박태환 선수 역시 평소 잘하는 것을 오랫동안 반복하고 연습한 결과 하나의 습관으로 완성시켜 그것이 승리의 요인으로 만든 것이다.

누구나 원하고 있지만, 뜻대로 되지 않는 일들을 잘 살펴보면 그 중심에는 항상 습관이 있다는 것도 알 수 있다. 긍정적인 습관은 계속 가지고 갈 필요가 있지만, 매번 후회하면서 같은 일을 반복하고 있는 습관은 하루빨리 버릴 수 있어야 하겠다.

자신의 꿈을 이루기 위해서는 우선 자신의 나쁜 습관을 메모해보고, 그 습관이 어떻게 형성되었고, 그런 습관이 자신에게 가져오는 결과가 무엇인지 자신을 되돌아보는 시간을 가지고 어떻게 고쳐야 하는지 먼저 생각하라.

그리고 그것을 하나하나 고쳐나가려고 노력

한다면 나쁜 습관은 고쳐지고 좋은 습관으로 바꿀 수 있다.

자기 자신은 자신의 모든 습관을 만들고 유도해 내는 장본인이므로 자기 자신만이 자신의 습관을 형성하고, 유도하고 받아들이고 그대로 매일 행동한다.

당신이 스스로 바꾸려고 노력하지 않는다면 어느 누구도 당신의 습관을 바꿀 수 없다.

이 습관이 당신의 꿈을 이루게 할 수도 있고, 꿈을 이루지 못하게 할 수도 있다.

자신이 습관적으로 무언가 아주 간절하게 원하는 것을 생각하면서 흥분과 행복을 느끼면, 스스로 선택한 생각과 긍정적인 감정이 결합되면서 그 대상을 자신에게로 끌어 온다.

마찬가지로 습관이 원하지 않는 것이나 원하지만 불가능하다는 파장에 초점을 맞추면 절망이나 분노의 감정을 느끼게 되고, 자신이 선택한 생각과 그에 상응하는 부정적인 감정의 결합으로 인해서 똑같이 그러한 실패와 불가능의 상황을 끌어오게 된다.

보이지 않는 습관인 생각과 감정의 결합…

당신이 바라는 것에 대한 생각과 그에 따른 긍정적인 느낌…

당신이 바라지 않는 것에 대한 생각과 그에 따른 부정적인 느낌…

당신의 생각과 그 생각이 자연스럽게 불러일으키는 감정 사이의 관계를 이해한다면 어떻게 당신이 당신 삶에서 체험하는 사람과 사물들, 사건과 상황들을 끌어오게 되는지 이해할 수 있다.

또한, 편안하고 기분 좋은 느낌과 불편하고 기분이 좋지 않은 느낌을 통해 당신 내면의 안내자가 언제나 당신에게 현재 무엇에 집중하고 있는지를 알려주고 있다는 것을 인식해라. 그러면 부정적인 느낌들을 나쁘고 필요 없는 것으로 거부하는 대신 당신이 진정 바라는 것을 창조하게끔 도와주는 안내 표지판으로서 유용하게 활용할 수 있을 것이다.

**×. 예의바르고 좋은 말을 하는 습관이 꿈을 이룬다.**

말은 우리가 사물이나 상황을 바라보는 방식에 영향을 미친다.

홍보 전문가와 광고인 들은 이를 확실히 알고 있기에 이 점을 활용하여 사람들의 호기심을 유발하고 마음을 움직이게 한다. 정치가와 정부를 비롯해 사람들의 마음을 움직여야 하는 각종 직업군의 사람들도 마찬가지다.

말의 내용도 중요하지만 말을 전하는 태도나 방법도 중요하다. 의사소통을 잘하면 관계가 개선되고, 다른 사람들로부터 더 많은 호감을 얻을 기회가 생기며, 전달하고 싶은 메시지를 더 많은 사람들에게 전달할 수 있다.

우리는 우리의 목적을 위해 스스로 선택한 단어와 사용한 언어들이 자신에게 어떤 영향을 미치는지 이해하는 것이 중요하다.

일단 자신이 어떤 말을 사용하는지 인식하고 나면, 자신의 진짜 의도와 현재 상황에 더 잘 맞도록 좋은 말을 하는 습관이 가능해진다

솔직하고 정직한 대화는 시간을 절약해주고 당신의 목적을 효과적으로 달성시켜준다.

말을 할 때는 먼저 상대방이 나의 말을 어떻게 생각할 것 인지부터 마음속으로 생각 한 후에 좋은 말 고운 말을 하도록 해야 한다.

다른 사람들에게 자신의 말에 호감을 느끼고 자신을 괜찮은 사람으로 인식시키려면 먼저, 최대한 자신의 경험과 감정에서 우러나온 이야기를 해야 한다.

그렇게 하면 당신은 자신이 하는 말을 직접적으로 책임지게 되고, 다른 사람들도 당신이

보인 모범을 따라서 자신의 이야기에 책임지게 된다.

다른 사람을 비판할 때는 그것이 그저 자신의 의견을 제시하는 데 불과하다는 점을 스스로 깨달을 필요가 있다.

언제나 상대방에게 자신의 생각에 대해 말을 할 때는 어떻게 그런 기분을 느끼게 되었는지, 혹은 개인적으로 어떤 생각을 믿는지부터 이야기하는 편이 좋다. 자신의 개인적 판단을 일반화시키거나 보편화 하지 마라.

대화를 할 때 어려운 것 중 하나는 다른 사람이 하는 말에 귀를 기울이고 중간에 말을 끊지 않는 것이다. 대부분의 사람들은 지금 말을 하지 않으면 혹여 자기가 하고 싶은 말을 잊어버리지 않을까?, 혹은 시간이 지나면 관련성이 없어지지 않을까 걱정돼 남의 말을 끊어버린다. 여기서 최선의 방법은 그냥 내버려 두는 것이다.

상대의 말이 끝난 뒤에도 여전히 자신이 하려던 말이 적절해 보이거든 그때 말하라. 만약 당신이 하고 싶었던 말을 잊어버리거나 여전히 말하지 못한 채 대화가 끝났다고 해도 결코 세상은 알아채지 못할 것이다. 입 밖으로 나왔다면 정말 훌륭하고 멋진 표현이었다 해도 상관없다.

바르고 고운 말을 하는 습관을 들여야 한다. 남을 욕하거나 비난하면 그 욕과 비난이 나중에는 나에게 되돌아온다.

좋은 말을 하는 습관과 좋은 태도는 상대의 말에 주의를 기울이고 상대의 말을 경청하고 있음을 보여주고, 숨김없이 정직하게 말하는 것이다.

바르고 고운 말은 자신을 예의바르고 착한 사람으로 인식시키게 하는 가장 좋은 방법이다.

***. 규칙적인 생활을 하는 습관이 꿈을 이룬다.**

우리 몸속의 생체리듬은 태양의 빛에 따라 스스로 조절하고 또 지배를 받는다.

우리의 몸속에는 체내시계를 가지고 있어 24시간 보다 약간 긴 주기(약 25시간)로 기능하고 있다.

따라서 빛이 차단되고 밖의 시간을 모르는 방에서 몇 일간을 보내면, 본래 우리 몸속의 시계에 따라 움직이기 때문에 자는 시간이 자꾸만 뒤로 늦어진다고 하는 현상이 생기게 된다.

그래서 늦어지기 쉬운 리듬 때문에 우리들은

밤샘하기 쉬우나 이 시계를 앞당겨서 보다 일찍 일어나는 것은 무척 어렵다고 말 할 수 있다.

옛 동요에 새 나라의 어린이는 일찍 자고 일찍 일어난다고 하는 것이 건강에 좋은 황금율이 아니라 일찍 일어나면 일찍 잘 수 있다는 것이 최근 과학에 의해 밝혀진 생체시계의 메커니즘이라고 한다.

우리는 아침에 일찍 깨어나야 밤에 자연스럽게 잠이 온다는 것은 몸속에 있는 생체 리듬에 의해서 컨트롤 되고 있기 때문이다.

이러한 생체 리듬이 잘 기능하지 않으면 밤에 자연스럽게 졸리지 않으며 아침에도 쉽게 일어날 수 없는 수면과 각성의 리듬 장애라고 하는 흔한 불면증이 생긴다.

그래서 밤늦게까지 자지 않거나 불규칙한 생활을 계속하면, 여러 가지 리듬이 저조해지거나 흐트러져 버려 마치 시간대가 다른 외국여행으로 고생하는 시차 노망과 같은 상태가 되어 버린다.

잠을 자지 못하거나 깊은 잠을 못자면, 피곤이 가시지 않을 뿐만 아니라, 집중력이나 의욕까지도 줄어들어 낮 동안의 활동량도 적게 되는 악순환을 낳게 된다.

보통 건강하기 위해서는 규칙적인 생활 및 수면이 중요하며, 일찍 자고 일찍 일어나는 습관을 가질 것을 권한다.

규칙적인 생활은 잘 정돈된 책장의 책들과 똑 같다.

아무렇게나 나뒹구러져 있는 서류들은 내가 필요해서 찾고자 할 때 어느 것이 내가 찾고자 하는 서류인지 몰라 해매일 수 밖에 없다.

불규칙적인 생활은 우리가 일상생활에서 어느 것이 중요하고 화급을 다투는 중요한 일인지를 구분 짓기 어렵게 한다.

불규칙적인 생활은 우리가 하루 중 식사시간에 상관없이 아무 때나 음식물을 먹는거나 다름없다. 우리가 공부를 하더라도 계획성 있게 시간표를 짜서 하는 경우하고 아무렇게나 생각나는 대로 몇장 넘겨가면서 공부하는 경우하고 비교를 한 번 해보라.

어떤 것이 더 공부가 잘 될 것인지……

바로 규칙적인 생활은 우리가 길을 걸을때 앞을 보며 바로 걸어가는 것과 같다.

길을 가면서 곁눈질하면서 갈지자로 걷다가는 시간도 더 걸릴 뿐 더러 돌맹이에 치어 넘어지거나 교통사고도 당하기 쉽다.

'보기 좋은 떡이 먹기도 좋다'고 규칙적인 생활을 하는 사람들 또한 보이지 않은 내면 세계 또한 잘 정돈되고 안정된 상태이기 때문이다
규칙적은 좋은 습관은

★ 하루 일과표를 만들어 지키려 노력한다.
★ 공부 시간에는 최선을 다해서 공부하고 쉴 때는 공부 생각은 일체 하지 말고 편안하게 쉰다.
★ 독서하는 습관을 들인다. 풍요한 정신세계를 가꾸기 위해서는 균형 잡힌 독서가 반드시 필요하다.
★ 시간을 귀중하게 여기고 낭비하지 않도록 한다.
★ 일찍 일어나는 시간을 정하고 세 끼 식사 시간을 매일 일정하게 하며 잠자는 시간도 정해놓고 잔다.
★ 하루 일과 중에 운동부족이 되지 않게 적당히 운동을 매일한다

이런 좋은 습관을 들이도록 반복하여 지키고 매일 반드시 실천해야한다.

## 6. 지혜로운 사람이 꿈을 이룬다.

우리는 공부를 하면 머리가 좋은 사람이 그렇지 않은 사람보다 성적이 좋다라고 말하고 있다.

그러나 머리가 좋다고 하여도 그 사람이 그렇지 않은 사람보다 더 지혜롭다고 말하지는 않는다.

심리학자 로버트 스텐버그(Robert Stenberg)는 지능을 분석지능과 실용지능으로 나누었다.

보통 머리가 좋다는 것은 분석지능이 뛰어나다는 것을 말하고, 실용지능이란 뭔가를 누구에게 말해야 할지, 언제 말해야 할지, 어떻게 말해야 최대의 효과를 얻을 수 있을지, 상대방의 마음 등을 아는 것을 말하는데 보통 이것을 지혜라 한다.

이것은 상황을 올바르게 파악하고 자신이 원하는 것을 얻는데 필요한 지식이다.

타고난 분석지능과 실용지능인 지혜는 서로 독립적이다.

머리가 좋다고 반드시 지혜롭다고 말할 수 없고, 머리가 나쁘다고 지혜롭지 못하다고 말 할 수 없다. 머리가 좋은 것은 부모로부터 유전된다.

하지만 지혜는 유전되지 않고, 후천적으로 습득해

야하는 지식이다. 우리는 그 지식을 대부분 가족과 친구, 스승과 독서를 통하여 배운다.

메릴랜드 대학의 사회학자 아네트 라루(Annrtte Lareau)는 세 계층으로 나뉜 가족집단에 대하여 흥미로운 연구결과를 내놓았다.

부유한 집안과 가난한 집안에서 흑인 그리고 백인 어린이들을 선별해 모두 열두 집안을 조사했다.

라루의 연구팀은 각 가정을 적어도 20회 이상 방문해 한 시간 이상씩 관찰했다.

그들은 축구경기 관람과 교회에 나가는 것, 병원방문이 있을 때마다 한 손에는 녹음기를 한손에는 노트를 들고 관찰 대상을 따라 다녔다.

이렇게 밀착해서 관찰 했으니 적어도 12가지의 다양한 방법이 발견되고, 완고한 부모, 느슨한 부모, 정서적으로 지나치게 결속력이 강한 부모, 감상적인 부모 등 나름대로 성격이 드러났을 것으로 기대해 봄직하다.

그러나 부모들의 교육철학은 오직 두 가지 뿐이었고 그것은 계층에 따라 완벽하게 나뉘어졌다. 부유한 집안의 부모들은 아이들의 스케줄을 집중적으로 관리하며 선생, 코치, 친구들에 대하여 꼬치꼬치 캐묻는다.

그러나 가난한 집 부모들은 아이들을 거의 방임

하고 부모는 아이들에게 특별한 관심을 보이지 않는다.

그리고 중류층의 부모들은 부유한 집안의 부모들과 같은 모습이거나 가난한 집안의 부모들처럼 자유방임적인 중간형태의 모습을 나타냈다.

부유한 집 부모는 대개 아이들과 대화 하면서 함께 이유를 찾아낸다. 단순히 명령만 하는 것이 아니라 자녀들이 자신의 생각을 말하고 함께 협상하며 어른에게 질문하기를 바란다.

또한 부유한 집안의 부모는 자녀가 학교에서 잘하지 못하면 선생을 찾아가 상담하며 아이들 문제에 깊이 개입한다.

반면 가난한 집안의 부모는 권위 앞에 겁을 먹고 수동적으로 반응하며 뒤편에 물러서 있다.

라루는 부유한 집안의 부모스타일을 "집중양육"이라고 명칭하고 이는 부모들이 적극적으로 아이들의 재능, 의견, 기술을 길러주고 비용을 대는 것이라고 말하였다.

그와 대조적으로 가난한 집안의 부모는 "자연적인 성장을 통한 성취"를 선택하는 경향이 있으며, 그들은 자녀를 돌봐야 할 책임을 지지만 아이들이 알아서 성장하고 스스로의 재능을 계발하도록 내버려둔다.

라루는 둘 중 어느 한쪽이 더 낫다는 평가를 하

고 있지는 않다. 그가 볼 때 가난한 아이들은 자신의 시간을 더 창의적으로 사용하고 독립심도 강하고 종종 품행도 더 좋다.

그러나 실용적 지능의 관점에서 집중적 양육은 막대한 장점을 가지고 있다.

빡빡한 일정 속에서 살아가는 부유한 집 자녀는 매우 다양한 체험을 해볼 수 있다.

팀워크를 배우고, 고도로 짜여진 구조 속에서 움직이는 법을 배우는 것이다. 어른들과 편안하게 대화하는 법도 익히고, 뭔가 필요한 게 있을 때 말하는 법도 배운다. 부유한 집 자녀는 권한에 대한 감각을 익히고, 자신의 개인적 선호를 충족시키는 것은 물론 어떤 기관의 상황을 적극적으로 활용할 권리가 있는 것처럼 행동한다.

또한 그들은 정보를 공유하고 관심을 요구하는 일에 편안함을 느낀다. 이들이 자신의 선호를 충족시키기 위해 관심을 요구하는 법을 배우기 때문이다. 더불어 규칙을 알고 초등학교 4학년만 되어도 이익을 위하여 자기 목소리를 낼 줄 안다.

그러나 가난한 계층의 아이들은 거리를 두고 행동하며 신뢰하지 않고 저항하는 특징을 보인다.

그들은 어떤 환경 앞에서 최선을 다해 자신의 의견을 관철시키는 최적의 방법을 모른다.

어릴 때부터 커 나가면서 자신이 놓인 상황에

대응하는 방식을 익히는 것은 매우 중요하다.

그것은 유전되는 것도 아니다. 그 능력은 인종에 따라 계층에 따라 나누어지지 않는다.

이것은 문화적요소이다.

부모가 아이들에게 교양 있는 방식으로 점잖게 설득하는 방법, 거절하는 방법, 격려하는 방법, 자신의 의견을 표시하는 방법 등을 가르치고 기회 있을 때마다 예행연습을 시켜야한다.

가난한 부모가 되었던 부유한 부모가 되었던 위와 같이 아이들이 할 수 있도록 계속 가르치고 예행연습을 시켜야한다.

그것이 성공하는 실용지능 지혜를 성장시키는 원동력이다.

아이들은 그냥 크는 것이 아니다. 집을 짓듯이 부모와 학교에서 만들어 나가는 것이다.

그리고 자녀에게 독서하는 습관을 길러 주어야 한다. 독서를 통하여 스스로 부모와 학교에서 배운 것을 확인하고, 그것을 자기 것으로 만들어 나가야 한다.

한 마디의 말과 한 권의 책이 인생을 바꾼 예가 많다. 그러므로 남의 말 한마디라도 소홀히 들어서는 안 된다. 한 권의 책이라도 그 속에 담겨진 삶의 지혜를 나의 것으로 소화하도록 노력해야 한다.

많은 독서를 통하여 지식을 얻을 수 있고, 그 지식 속에서 지혜를 자신의 몸으로 체득할 수 있다.

독서야 말로 지혜를 얻는 원동력이고 성공에 필요한 필수 요소다.

지혜란 지식을 사회생활과 연관시킬 수 있는 사고를 말하는데, 공부하면서도 항상 이것을 생각한다면 공부도 생활도 훨씬 쉬워지고 재미있어 진다.

사람들은 언제나 자신이 생각하고 있는 것 이상으로 많은 것을 알고 있고, 또한 더 많은 능력을 가지고 있다. 성공하는 사람들은 순간순간 이러한 자신의 잠재역량을 발휘하는 사람이고, 이제 까지 배워 온 모든 것을 아주 귀중하게 생각하는 사람이다.

# 제 4 장 공부 잘하는 법

공부를 잘하기 위해서는
공부하는 습관을 만들고
공부하는 습관을 통하여
꿈과 목표를 세우고
그 꿈을 이루기 위하여
자신이 세운 목표를 매일 매일
반복적으로 노력하는 것이다.

## 1. 공부는 왜 해야 하는가?

배우지 않아도 모든 것을 알고, 자신이 부족한 것 하나 없고, 실수 한 번 한 적이 없는 완전한 인간이라면 공부할 필요는 없다.

그러나 인간은 신이 아니기 때문에 실수할 수밖에 없고, 모든 것을 알지 못하는 미완성인 채로 태어나기 때문에 커가면서 끊임없이 배우고 공부해야한다.

공부는 무엇인가?

공부는 학문이나 기술을 배우고 익히는 것을 말한다. 즉, 공부란 우리가 살아가는 동안에 마주치는 모든 것들을 배우고 익히는 것이다.

따라서 공부를 한다는 것은 잘하고 못하는 것을 떠나서 자신의 미래를 위한 미다스의 손이다.

오늘날 미다스의 손(Midas touch)은 '돈 버는 재주'라는 뜻을 지닌다.

미다스의 손은 그리이스 신화에 따르면, 매우 탐욕스러웠던 미다스 왕이 엄청난 재산을 가지고 있었음에도 더 많은 부귀를 원했다. 그래서 그는 술(酒)의 신 디오니소스에게 손에 닿는 모든 것을 황금으로 변하게 해달라고 간청했다. 술에 취한 상태에서 디오니소스는 소원을 들어주었고, 미다스는 정원수, 조각물, 가구할 것 없이 닥치는 대로 황금으로 만들었다.

그러나 예기치 않은 문제가 발생했다.

만지기만 하면 황금이 되니 도대체 음식을 먹을 수가 없었던 것이다. 상심한 그는 무심코 자기 딸을 안았다가 기겁을 했다.

사랑하는 딸이 금 조각상이 되었기 때문이다. 미다스는 디오니소스에게 다시 원래대로 되돌려달라고 간청했으며, 다오니소스의 선심으로 미다스는 팍톨로스 강물에 목욕함으로써 원래의 미다스로 회귀할 수 있었다.

금 조각상으로 변한 딸도 강물에 담갔다고도 한다. 그래서 딸이 다시 인간으로 돌아왔다는 신화에서 유래하였다.

일찍이 그리스의 철학자인 플라톤은 "배우지 않는 것은 태어나지 않는 것만 못하며, 배우지 않아 무식한 것은 불행의 근본이기 때문이다."라고 말했다.

인간은 미완성의 존재로 태어나 끊임없이 공부하여 자신을 완성시켜야 하는 운명을 지녔다.

공부는 자아탐구의 출발이며, 더불어 살아가는 세상을 이해하고, 배움을 통해 자기를 둘러싸고 있는 사회 현실을 바르게 볼 줄 아는 가장 현실적인 수단이다.

## 2. 미래는 전문 직업인 시대

선생은 학생을 가르치는게 직업이고, 학생은 직업이 공부다.

공부는 배우는 학생이 하는 일의 전부이다.

게임을 하는 것도 공부고, 노래를 하거나 악기를 연주하거나, 운동을 하거나 책을 보거나 학원에 가서 배우는 것도 공부다.

공부를 하면서 느끼는 행복은 자기 일에 대해 프로의식을 갖고 최선을 다하는 사람만이 즐길 수 있는 권리이다.

삶에는 항상 다양한 경쟁이 지속된다.

인생은 시험의 연속이다. 공부는 행복하게 잘 살기 위한 수단이고, 시험은 공부를 잘하기 위한 수단이다.

진짜 시험은 현재 학교에서 치르는 시험이 아니라 어른이 되어 사회에서 치르는 시험이다.

공부를 하여 아는 사람과 모르는 사람의 질은 분명히 다르며, 시험에 대비해 공부한 내용은 우리의 의식 속에서는 사라질지라도 그 지식은 무의식 속에 내면화되어 단순한 지식이 아니라 인생을 살아가는 지혜로써 영원히 남게 된다.

그 남아 있는 지혜는 나의 재산이 되어 어느 때인가 불쑥 나타나, 여러분들이 어려움에 처했을 때 벗어날 수 있게 도와주고 성공으로 이끌어 줄 것이다.

미래는 전문 직업인의 시대이다.

어떤 직업이든지 전문적인 지식을 가져야만 성공할 수 있다. 아는 것은 힘이다. 많이 알기 위한 가장 효과적인 방법은 공부이다.

한 분야의 전문가는 긴 시간의 배움과 공부를 하여 익힌 것을 피나는 반복적인 노력으로 완성하여 탄생한다.

그러므로 미래에는 교육의 중요성이 더욱 강조된다. 앞으로의 세상은 열심히 공부하여 한 분야의 전문가가 되지 않으면 제대로 사람대접 받기가 어려워지는 세상이 될 것이다.

자기 아니면 누구도 할 수 없는 일을 하는 사람이야말로 가장 좋은 대우를 받게 될 것이다.

그렇게 되기 위해서는 어떤 한 분야에 천부적인 재능이 없는 한 열심히 공부하는 방법밖에 없다. 전문가가 받는 보수는 그가 가진 전문적 지식에 비례하기 때문이다.

인생을 살아가면서 공부하여 얻은 지식은 영원한 재산이다.

지식이야말로 그 어떤 물질적 가치보다 소중하고 영원하다.

알지 못하면 진실과 덕성과 아름다움을 결코 소유할 수 없다. 지식은 그 자체로 평가해야지 그 지식을 어떻게 쓰느냐에 따라 평가해서는 안 된다.

셀 수도 없는 많은 전문 분야의 학문이 우리를 기다린다.

어느 분야든지 열심히 공부하여 정상에 선다면 명예뿐 아니라, 경제적인 부유함도 함께 누리게 될 것이다.

그리고 자신이 공부하여 얻은 전문적인 지식을 모든 사람이 함께 나누어 가질 수 있는 지식이야말로 가장 값진 재산이기 때문이다.

다가올 정보화시대에는 교육의 중요성이 더욱 증대될 것이다. 왜냐하면 산업화시대의 권력과 금력 대신에 지식과 정보가 그 자리를 차지하게 될 것이기 때문이다.

공부하지 않는 사람은 낙오할 수 밖에 없는 냉정한 미래가 다가오고 있다.

공부는 자신을 전문가로 만들 뿐 아니라 자아 완성의 길이다.

일찍이 중국의 유명한 시인인 도연명은 “청춘은 다시 오지 않고 하루에 새벽은 두 번 있지 않은 법이다. 젊었을 때 공부에 열중하라. 세월은 사람을 기다려 주지 않는다고 말하였다.”

공부를 하여 무엇이든 가치 있는 일을 하려면 지속적인 노력과 인내심이 필수적으로 따라야 한다.

열정과 집중력은 공부를 잘하는 비결이고 공부를 잘하려면 최선을 다하는 자세를 가져야 한다.

위대한 창조의 순간은 전심전력을 기울여 최선을 다하는 사람에게 찾아오는 법이다.

공부하는 행위는 겉으로 보기에 고독하고 고통스러워 보이나 그 속에는 삶의 가치를 구현하는 보람이 들어 있다.

진리의 세계에 발을 딛고, 더욱 자유롭기를 원한다면 지금 당장 책을 잡고 공부를 하여라.

그리고 피나는 노력을 바치라.

## 3. 공부 잘 하는 비결

### * 계획이 공부의 반이다.

앞서 말했듯이 계획이 중요하다는 사실은 모두 다 알고 있다.

공부를 잘하는 사람이나 못 하는 사람도 계획은 세울 수 있다.

하지만 대다수 학생들은 계획을 세우기는 잘해도 그것을 꾸준히 실천하지 못한다.

그 이유는 공부하는 습관이 되어있지 않기 때문이다.

따라서 공부를 잘하고자 하면 일단 앞서 말한 공부하는 좋은 습관을 들여야 한다.

공부하는 습관을 자신의 것으로 만든 다음 공부 계획을 세우고 그것을 꾸준히 실천해야 한다.

그렇다면 어떻게 계획을 세워야 가장 효율적일까?

계획을 세우는 것 자체를 너무 어렵게 생각할 필요는 없다.

계획을 세울 때는 큰 그림을 그리고 그 안에서 자신의 컨디션에 따라 때로는 공부를 몰아서 하기도 하고 때로는 쉬엄쉬엄하기도 한다.

사람은 로봇이 아니기 때문에 매일 컨디션과 기분에 따라 학습 능률도 다르기 때문이다.

우선 한 달과 한 주 그리고 하루가 시작되기 전에 할 일을 적어보자. 한 달 동안 해야 할 일을 정리한 뒤에는 주마다 나눠서 실천할 수 있게 배분한다. 이것이 월간과 주간 계획이다. 이를 다시 하루 단위로 쪼개 계획을 세우면 일간 계획이 된다.

하루하루 할당된 공부 량을 바탕으로 일일 계획을 세울 때는 하루치 분량을 구체적인 시간대로 분할하는 것이 좋다.

예를 들어 '오후 4-5시는 수학 문제집 4 페이지' 하는 식이다.

이렇게 일일 계획을 세우고 나면 매일 검토와 반성을 하고 실천하지 못한 것은 그 다음 날 혹은 그 다음 주 어느 날 실행할 것인지 다시 배치한다.

그리고 매일매일 계획을 실천했는지 점검하고 실천하지 못한 계획은 왜 실천하지 못했는지 반성하고 주말이나 공휴일에 실천하도록 계획을 수정 보완한다.

그 다음 매 주마다 계획을 점검하고 이런 점검을 통해 계획을 세우고 실천하는 과정이 자연스럽게 자신의 좋은 습관으로 굳어진다.

계획을 세우고 실천하다 보면 하루, 일 주일, 한 달에 얼마나 공부할 수 있는지 감도 오고 계획을 세우는 데 거부감도 줄어들며 계획한 것을 실천한 자신의 모습이 자랑스럽게 느껴지고 모든 일에 자신감이 생기며 공부가 즐거워진다.

계획을 세울 때 주의 할 점은 주간이나 일간 단위로 계획을 짜서 하나의 계획이 틀어지더라도 유동적으로 맞출 수 있도록 일요일은 완전히 휴식하고 노는 공휴일로 정하고 주간계획에서 실천하지 못한 계획은 그날 보충하는 날로 정하는 것도 좋은 방법이다.

계획은 시간이 아닌 분량위주로 세우는 것이 좋다.

예를 들어 예상에 없던 숙제를 해야 하거나 아파서 공부를 못 할 수도 있으니 '영어 3시간 공부하기'보다는 '영어문장 20개 암기하기' 같은 식으로 세운다.

문제집의 경우 언제까지 끝낼지 정하면 하루에 문제집을 얼마나 풀어야 할지 계산할 수 있다.

이렇게 하루에 외우거나 풀어야 할 양을 구체적으로 정해두면 부담도 없고 진도도 꾸준히 나갈 수 있다.

문제집을 사면 그날로 계획을 세운 다음 단

원별로 언제까지 끝마칠지 마감시한을 목차에 시작한 날짜와 끝낸 날짜를 모두 기록하는 것도 한 방법이다.

일일계획의 경우 구체적인 시간을 설정하지 않고 분량만 정해두고, 그날 마무리해야 할 일들을 적은 체크리스트를 만들어 하나씩 체크해 나가며 점검하면 더 효율적이다.

공부를 잘하기 위해서는 자신에게 다음과 같이 매일 세 번씩 질문해야 한다.

공부를 잘하기 위한 질문

1. 어떻게 해야 공부를 잘 할 것인가?
2. 아직 공부를 못하는 것은 무엇 때문인가?
3. 내가 원하는 대로 해결하기 위해 무엇을 할 것인가?
4. 내가 원하는 대로 해결하기 위해 무엇을 포기할 것인가?
5. 내가 원하는 대로 해결하기 위한 노력을 하면서 어떻게 그 과정을 즐길 것인가?

   그리고 큰 종이에 한 달 달력을 그려서 모든 가족이 볼 수 있도록 벽에 붙여두고 매일 매일 공부한 것을 체크한다.

   그럼 부모님도 나의 공부에 관심을 가지고 본다는 생각에 계획을 지키게 된다.

## * 공부는 이해한 것을 쓰고 외우고, 질문하고 대답하면 잘한다.

대부분의 학생들은 하루의 3분의1 이상을 학교에서 보낸다.

선생님에게 배우는 수업시간이 공부에서 차지하는 영향은 막대하다.

기본적으로 학교 수업시간에 충실하지 못하면 공부를 잘할 수 없다.

그렇다면 어떻게 하면 수업시간에 집중 할 수 있을까?

정답은 선생님의 말에 귀 귀울이고 집중하기와 '선생님과 시선 맞추기', '선생님의 질문에 대답하기', '선생님과 관계유지' 다.

당연한 말이지만 선생님과 어떤 관계를 맺느냐가 수업에 큰 영향을 미친다.

선생님과 친해지려면 어떻게 해야 할까?
모름지기 윗사람에게 예쁨 받는 것은 우렁찬 인사에서 시작된다.

선생님과 마주쳤을 때 인사를 적극적으로 해보자. 복도에서, 교실에서 혹은 운동장에서 마주치면 큰소리로 인사를 함으로써 나를 각인시키는 것이다.

그러면 선생님도 그 다음부터 나를 알아보고

살갑게 대해 주신다.

선생님과 친해지면 수업에 자연스럽게 집중하게 된다.

수업시간에는 선생님이 부담스러워할 정도로 선생님의 말을 듣고 눈을 마주치면 자연 선생님의 말에 빠져들고 수업에 집중하게 된다.

수업 시간에 낙서하고, 친구와 잡담하고, 혼자 휴대전화 보며 잡담을 자주 하는 학생은 공부를 잘 할 수 없다.

그 수업시간은 한번 지나가면 다시 오지 않는다.

공부는 일단 선생님으로부터 배움으로부터 시작된다. 무엇을 배우느냐면 교과서에 있는 내용을 배우는 것이다.

알지 못했던 것을 선생님을 통하여 그 원리나 개념을 이해하고 알게 된다.

따라서 공부를 잘하려면 일단 선생님의 말을 하나도 놓치지 말아야 한다.

그리고 선생님에게 배운 것을 공부할 때는 맹목적으로 암기하지 말고, 그 개념과 원리를 반드시 이해하도록 해야 한다.

이해가 되지 않으면 선생님에게 질문하고, 친구나 부모님에게 물어보고, 그래도 이해가 되지 않으면 다시 선생님에게 이해가 될 때까지 질문하고 배워야한다.

이해가 되었다면 잊지 않도록 쓰면서 암기해야한다. 암기한 다음에는 자신에게 질문하고 자신이 대답해본다.

그리고 친구들에게 질문하고 친구와 같이 문제를 풀면서 즐긴다.

암기를 잘하려면 글로 노트에 써보는 것이 더욱 효과적이고 집중력을 높일 수 있다.

글로 쓰는 것은 대단한 위력이 있다.

공부한 내용을 머릿속에 각인시키기도 하지만 때로는 졸음마저 쫓아준다.

수업시간에 집중 하려면 선생님이 말하는 것을 노트에 글로 쓴다면  수업내용에 집중하는 효과가 있다.

이해가 안가는 내용은 노트에 적어두었다가 질문하는 것도 좋다. 수업시간에 방해될 것 같으면 쉬는 시간에 선생님을 따로 찾아가 질문하는 것도 좋다.

학교에서 질문을 많이 하는 학생치고 성적이 나쁜 경우는 별로 없다.

선생님에게 자주 질문하면 친구 한 명을 잘 사귀는 것보다 몇 배 도움이 된다.

무엇보다 질문하지 않고 혼자서만 공부하면 결국 한계가 온다. 하지만 질문을 잘 활용하면 자신이 모르고 넘어갔을 뻔한 내용도 알게 되고, 선생님이 덤으로 더 알려주는 내용까지 알게 된다.

수업에 집중하는 또 하나의 방법은 선생님이 하는 말을 그대로 소리 내지 않고 입으로 따라 해 보는 것이다.

소리는 내지 않고 입만 벙긋거려도 졸음을 깨고 집중하는데는 상당히 도움이 된다.

또 하나는 상상력을 동원하여 머릿속에 칠판 하나를 떠올려 선생님의 말씀을 분필로 적어 본다.

이 공간에 필기를 하는 사람은 오로지 나 혼자다. 비록 상상의 장면이지만 기억에는 훨씬 오래 남고 수업이 끝난 후 그 장면을 하나하나 떠올려보면 기억이 잘된다.

공부는 시험치기 위해 하는 것이 아니라, 미지의 바다로 헤엄쳐 내 지식과 지혜의 영역을 넓히기 위하여 공부하는 것이라는 마음을 가질 때, 공부가 재미있어지고, 성적이 쑥쑥 향상된다.

천재는 바보에게도 배우는 사람이고, 바보는 천재에게서도 배우지 못하는 사람이다.

* 공부를 잘하려면 예습과 복습을 철저히 한다.

여러분은 공부를 잘한다고 생각하는가? 아니면 공부를 못한다고 생각하는가?

공부를 잘하는 사람은 학교에서 배운 내용을 복습하고 공부를 못하는 사람은 집에 책가방을 가지고 간대로 내일 다시 그대로 책가방을 가지고 학교로 간다.

그날 배운 내용을 잘 알지도 못하지만 그것을 알려고도 하지 않는다.

그러면 공부를 하는 것이 아니다.

공부를 하지 않으면서 좋은 성적을 기대하는 것은 슬그머니 남의 재산을 훔치는 도둑과 같다.

복습이 진짜 공부다.

복습은 수업 시간에 들은 내용을 되새기는 과정이다. 복습할 때는 수업 시간에 몰랐던 내용을 완전히 파악하게 되면서 교과서의 흐름을 읽을 수 있다. 수업만으로는 그 내용이 완전히 내 것이 되지 않으므로 수업이 끝나면 바로 복습을 해야 한다. 복습은 그날 배운 것을 내 것으로 이해하여 암기하는 과정이다.

그러나 복습에 너무 부담을 갖지 않는 것이 중요하다. 오늘 하루 선생님이 진도를 나간 내용을 요약해보면 고작 개념에 관한 몇 줄뿐인 경우도 많다. 복습은 어렵지 않을 것이다.

시험 기간에는 엄청난 분량을 공부해야 하기 때문에 미리 방어막을 친다는 생각으로 꾸준히 복습을 하는 것이 핵심이다.

복습은 일종의 예습 역할을 하기도 한다.

그날 계획된 공부를 시작하기 전에 이미 공부했던 내용을 복습하면 새로 공부하는 내용이 훨씬 쉽게 눈에 들어온다. 반면 복습을 하지 않고 진도를 나갈 경우 매 번 새로 공부하는 것 같아 벅차다.

지금 복습을 하지 않으면 다 잊어버려 나중에 완전히 새로 공부해야 하기 때문에 더 힘들어진다.

복습은 일단 배운 내용을 점검하는 과정이다. 오늘 배운 것을 완전히 이해하고 있는지, 또는 모르는 부분은 무엇인지, 다시 보아 모르거나 이해가 되지 않는 부분은 친구나 선생님에게 질문하여 완전히 알도록 한다.

그리고 잊어버리지 않도록 암기할 것은 메모하여 암기하는 과정이다.

완전히 암기가 끝나서 자세히 알고 있으면 이는 부분을 계속 단순 반복하는 것 보다는 부족한 부분을 찾아 공부하는 것이 효과적이다. 매번 아는 내용을 붙들고 있으면 효과는 별로 없다. 잘 모르는 부분을 공략해야 한다.
수학의 경우 문제를 복습할 때는 단순 계산을 계속 반복하기보다는 문제 해결에 필요한 공식을 떠올려보고 그 문제를 푸는 과정을 이해하는 것이 좋다. 참고서로 해답을 미리보고 그 과정을 이해하고 암기하는 것도 좋은 방법이다.
앞서 말했듯이 복습에는 수업 시간보다 많은 시간을 투자해야 한다. 최대한 여러 각도에서 개념 간의 관계를 알아보고 깊이 있는 학습을 하는 것이 중요하다.

공부는 100미터 단거리 경주가 아닌 42.195 킬로미터의 마라톤 경기보다 더 긴 시간을 노력 해야하는 최소 12년간의 기나긴 게임이다.
이솝우화에 나오는 토끼가 거북이에게 지는 게 바로 공부다. 거북이처럼 매일 매일 쉬지 않고 자신의 목적지를 향해 가는 사람이 결국은 공부도 잘하고 성공할 확률도 높다.
그날 배운 것은 무조건 한번 소리내어 읽고, 그 다음 한번 쓰고 그다음 자신이 지금 읽고 쓴 내용을 이해하고 알고 있는지 매일매일 확인하고 점검한다면 어느 날 공부를 잘하고 있는 자신의 모습을 발견 할 것이다.

*** 공부를 잘하려면 집중력과 끈기가 필요하다.**

공부를 잘하는 학생들은 공부를 못하는 학생들과 어떤 점이 다를까?

내가 교육현장에서 본 것은 공부를 잘하는 학생은 수업시간에 선생님의 말에 집중하고 무엇을 배우든지 그 배웠던 것을 완전히 알 때까지 파고드는 집요함이다.

집착에 가까운 그들의 끈기를 한마디로 표현하면 한번 물면 절대 놓지 않는다는 것이다.

이런 '끈기 습관'은 결국 개념을 완벽하게 이해하는 단계로 나아간다.

그 순간의 뿌듯함 기쁨은 문제를 끝까지 물고 늘어진 사람만이 얻을 수 있다.

상상해보라. 앞뒤가 꽉 막혀서 도무지 풀릴 것 같지 않던 문제가 해결되고 핵심이 이해된다면 얼마나 신나겠는가.

이것이야말로 공부와 배움의 즐거움이다.

이러한 '끈기 습관'이 완전히 몸에 배면 모든 문제에 의문을 품고 접근하게 된다. 그리고 그 의문은 막연하지 않고 매우 구체적이며 그것을 해결하기 위하여 모든 노력을 기울인다.

문제를 해결하려는 끈질긴 노력과 자신의 친구나 선생님에게 질문하는 것이 바로 공부다.

공부하는 마음의 힘은 모든 고통을 극복할 수 있게 하고, 모든 질병을 치료 할 수 있게 하며 풍요로운 건강을 창조하도록 돕는다.

성공은 한 번의 노력으로 성취되는 것이 아니라 수많은 노력이 쌓여서 이루어지는 것이다.

성공한 자와 성공하지 못한 자의 차이는 재능에 있는 것이 아니라 끈기에 있다.

자신의 어떤 행동이 바람직한 결과를 낳지 못했을 때는 늘 이렇게 자문해 보라.

"내가 한 일들이 지금까지 한 것처럼 오랫동안 지속할만한 일인가?"

이 방법은 늘 다시 시도하도록 용기를 북돋아 줄 것이다. 석공의 끈기와 정신을 배워 멈추지 않고 노력한다면 그리고 모든 경험으로부터 배울 수 있다면, 당신은 노력으로 늘 성공 할 것이다.

## * 암기는 공부의 기본

암기는 공부의 기본이다. 아무리 많은 시간을 공부하였어도 머릿속에 아무것도 기억되어 있지 않다면 공부를 한 것이 아니라 시간을 낭비한 것이다.

아무리 머리가 좋아 이해를 잘해도 결국 반

복 학습을 통해 내용을 암기하지 않으면 좋은 성적을 거두기 어렵다.

여러분이 초등학생이라면 여러분의 머리는 암기를 잘할 수 있는 머릿속의 수많은 방들을 가지고 있다. 그 방을 채우기 위하여 배운 것을 계속 반복하여 읽고 쓰고 외우도록 하라.

반복의 힘은 그야말로 무시무시하다. 공부는 암기이고 암기법의 왕도는 사실 반복이다.

머리가 좋지 못한 사람도 꾸준히 매일 반복하면 암기력이 좋아진다.

이해를 하고도 보통 열 번은 읽고 열 번을 쓰면서 모든 내용을 외운다면 누구나 공부를 잘 할 수 없다.

최고의 암기 기술은 특별하지 않다. 그저 반복 또 반복하는 것이다. 암기할 내용이 있다면 책상 앞이나 방, 화장실 등 어느 곳이든 보이는 곳에 크게 써 붙여놓고, 자주 들여다보고 계속 중얼거리고 암기해보자.

포스트잇에 써서 곳곳에 붙여두는 것도 좋은 방법이다.

일단 암기를 했으면 그 내용을 확인해보기 위하여 책을 덮고 백지에 써보는 ' 백지복습'은 아주 효과적인 암기법이다.

초등학생들은 모두 이같이 하면 누구나 암기력이 뛰어나게 향상되어 공부 잘하는 사람이 된다.

대부분의 공부는 이해하지 않고는 암기가 불가능하다. 반복학습의 전제 또한 내용에 대한 올바른 이해다.

영어단어를 제외하고 모든 과목의 내용을 이해한 뒤에 반복 학습으로 암기해야 한다.

내용이 이해되지 않는 상황에서 논리전개 없이 글자만 암기 하는 것은 엄밀히 따지면 공부가 아니다.

이해를 통한 암기가 필수인 것이다.

이해를 하지 않고 벼락치기로 외운 것과 이해를 통해 외운 것의 차이는 하늘과 땅만큼 차이가 크다. 이해와 암기는 병행되어야한다.

이해하지 못하면 오래가지 못하고 암기하지 않으면 문제를 푸는 속도가 느려진다. 이해와 암기가 균형을 잡아야 하는 것이다.

만약 공식을 외우지 않은 채 시험문제를 풀때마다 공식을 유도한다면 절대로 제시간에 문제를 풀 수 없다.

내용을 이해하는 가장 빠른 방법은 목차를 활용하는 것이다. 목차를 보고 전체흐름을 파악한 뒤 세부 내용을 보는 것이다. 체계를 파악하는 것은 어려운 일이 아니다.

큰 제목 아래 작은 제목만 잘 파악해도 된다. 작은 제목을 따라 목차를 읽다 보면 결국 세부개념에 다다르게 된다. 한마디로 전체구조가 머리에 잡힌다.

암기를 좀 더 쉽게 하려면 모든 내용을 나와 연관시키고 내용과 함께 상상하면 된다.

반복과 이해 그리고 연상기법은 누구나 쉽게 따라 할 수 있는 방법이다.

하지만 암기방법은 사람마다 다른데 이는 각자 발달된 감각이 다르기 때문이다.

어떤 사람은 그림을 잘 기억하고, 어떤 사람은 음악을 잘 기억한다.

암기를 잘하는 방법은 읽고, 말하고, 쓰는 것을 모두 동원하는 것이다.

사람은 어떤 내용을 읽기만 했을 때는 10%, 읽고 듣기만 했을 때는 20%, 듣고 눈으로 보기만 했을 때는 30%, 읽고 보고 들었을 때는 50% 기억한다. 직접 말한 내용은 70%, 직접 몸으로 해보면서 말한 내용은 90%까지 기억이 유지된다.

이 모든 암기법을 활용하게 되는 사람이 바로 선생님, 즉 가르치는 사람이다.

내가 선생님이 되어 가르친다는 생각으로 노트에 내용을 적으면 효과가 더 높다.

자신의 공부방에 학교교실과 같이 작은 칠판을 놓고 선생님처럼 강의하며 암기하기 것도 암기력을 높이는 한 가지 방법이다.

또한 내용의 일부만 외워도 끝 말 이어가기처럼 꼬리에 꼬리를 물고 기억이 따라오는 '연상암기법'은 휼륭한 암기법이다.

내용을 다 외우지 않아도 된다는 점에서 시간을 아끼고 공부 량을 절반으로 줄일 수 있는 탁월한 암기법이 '연상암기법'이다.

예를 들면 문장의 첫 글자를 따서 암기하는 방법 등이다.

*** 암기를 위한 기억력을 높이는 방법**

"암기를 잘하는 사람들의 공통적인 습관은 반복"이다. 왜냐하면 우리의 두뇌는 반복 자극하면 두뇌의 해마에서 시냅스(신경세포가 연결되는 부위)가 강화되기 때문이다.

보통사람은 평균적으로 20일이 지나면 기억한 내용의 80%를 망각하는데 이 기간이 되기전에 반복학습을 하는 게 더 효과적이라는 설도 있다.

가령 오늘 기억해야 할 일이 있었다면 1시간 뒤 기억을 반복한 다음 자기 전에 다시 기억한다면 거의 잊어버리지 않는다는 것이다.

이밖에도 전문가들은 다음과 같은 기억법들을 제시한다.

▶▶먼저 이해하라

이해하면서 기억한 것이 단순 암기보다 더 오래간다.

▶▶시각화하라

연구 결과에 의하면 인간의 두뇌는 좌우측으로 나뉘어져 있고 언어와 시각을 관장하는 뇌는 상반된다. 따라서 좌반구와 우반구를 동시에 사용한다면 그 중 하나만 사용하는 것보다 기억효과가 훨씬 더 증진된다.

예를 들어 새로운 얼굴을 기억할 때 그 사람의 헤어스타일이 어떻더라, 누구를 닮았더라 등의 말을 붙여 놓으면 훨씬 기억이 오래 간다.

또 어떤 지명 10개를 외울 때에도 단순히 10개를 외우는 것보다는 지도상 위치를 생각해 가면서 외우는 것이 훨씬 쉽다. 다소 추상적인 내용이라도 그림이나 도표, 약도 형식으로 이미지화시키면 더 기억하기 좋다.

▶▶여러 감각을 활용하라

기억대상의 시각적 내용(문자)을 청각이나 운동자극(입술이나 혀, 손의 운동)등을 활용해 공감각화하면 기억하기 좋다. 혼자말로 중얼거리는 것도 한 가지 방법이다.

어떤 특정한 그림을 보거나 냄새를 맡으면 무언가 기억나는 것은 후각(嗅覺)중추가 단기 기억을 조절하는 변연계에 포함되어 있기 때문이다.

▶▶단서를 활용하라

기억할 때 사용하는 중요한 책략 중의 하나는 연상(聯想)이다. 연상이란 A를 보면 B가 생각나는 식이다. 집에 도착하면 어떤 일을 꼭 해야 하는데 잊어버릴 것 같을 때, 가지고 다니는 가방에 끈을 매달아 놓거나 휴대폰이 울리게 해 놓으면 집에 도착했을 때 그 일을 기억해 낼 수 있다.

▶▶불필요한 것을 외우지 말자

컴퓨터의 메모리가 한정되어 있는 것처럼 인간 뇌의 기억력도 어느 정도 용량이 한정되어 있다.

특히 작업 기억의 용량은 한정되어 있다.

따라서 쓸데없는 것을 입력하지 않는 것도 더 필요한 것을 외우는 데 도움이 될 수 있다.

예를 들어 어떤 사람은 기억력 증진을 위해 전화번호를 100개 이상 외우기도 하는데 이것이 기억력을 증진시키기보다는 오히려 기억장소를 차지하여 정작 필요한 기억을 못하게 할 수도 있다.

▶▶정보의 유입 속도를 조절하라

정보가 흘러가는(유입되는) 속도가 상대적으로 너무 빠르면 뇌가 소화를 못해 기억하지 못한다. 속독을 하여 읽은 책의 내용이 오래 기억되지 않는 것도 이 때문이다.

*** 기억력을 좋게 하는 생활습관**

먼저 전문가들은 "적당히 쉬고 스트레스를 적극적으로 푸는 것이 기억력 향상에 중요하다"고 말한다. 휴식 없이 공부나 일만 할 경우 과중한 스트레스에 의해 뇌에서 글루코코르티코이드 호르몬이 급격히 늘어나는데 이것이 기억의 회복을 방해한다는 것이다.

이 호르몬은 단기기억이 장기기억으로 저장

되는 과정을 방해하는 것으로 알려져 있다.

심한 정신적 충격 등 과도한 스트레스는 일시적 기억 상실을 일으키기도 한다.

평소 아무리 열심히 공부해도 시험 스트레스 때문에 몽땅 잊어버리는 현상도 이 때문이라는 것이다.

이밖에 전문가들이 권하는 기억력에 좋은 생활습관은 다음과 같다.

▶▶금주와 금연

인체 중 술의 영향에 가장 민감한 곳은 바로 뇌이다. 술을 마시면 일단 기분이 좀 좋아지지만 결국 여러 가지 악영향을 미친다. 코골이와 수면무호흡증을 악화시켜 뇌의 산소공급을 현저히 떨어뜨려 뇌세포에 막대한 악영향을 끼칠 수 있다.

필름이 끊길 정도의 폭음은 이미 뇌세포에 손상이 갔다는 증거이고 이런 일이 자주 반복되면 알코올성 치매에 이르게 된다.

또 과도한 흡연은 니코틴에 의한 신경독성(毒性) 외에도 혈중 이산화탄소 농도 증가, 모세 뇌혈관의 혈류 악화를 유발해 기억력에 좋지 않다.

▶▶규칙적인 휴식과 충분한 수면

밤낮이 바뀌어 자거나 3~4시간 이하의 수면이나 잠을 깊이 못자는 사람은 기억력이 저하된다. 이런 사람은 낮에도 항상 머리가 맑지 않다고 호소한다. 수험생 중 '4당5락' 등의 적은 수면 량으로 성적을 올리려는 것은 학습시간을 늘리기는 하지만 집중력 및 기억력 저하로 오히려 역효과를 나타낼 수 있다.

또한 인간이 집중하는 시간은 30-40분에 불과하므로 30-40분 공부한 후에 10분정도 휴식이나 간단한 스트레칭도 기억을 높이는 방법이다.

▶▶악기와 음악

악기를 연주하면 특히 우뇌 피질을 자극하게 되고 나아가 신경망을 통해 전체적인 대뇌 활동을 증가시켜 어린이의 기억력 증대에 이바지한다고 본다. 아는 노래에 외운 내용을 노랫말로 만들어 외우는 것도 좋은 방법이다.

▶▶독서 및 외국어 공부

독서를 하게 되면 자연히 앞의 내용과 뒤의 내용이 연결이 되고(장기기억) 시각적 정보를 뇌에 저장시키는 단기기억 훈련 효과가 있다.

외국어를 배우는 것도 부수적으로 기억력을 증가시키는 방법이 될 수 있다.

▶▶적당한 운동

걷기, 달리기 등 운동을 규칙적으로 하면 기억력이 좋아진다. 뇌세포는 혈류를 통해 오는 산소와 영양분으로 기능을 유지한다. 이는 마치 식물이 뿌리로부터 오는 물과 영양분을 먹고 자라는 것과 마찬가지이다. 운동은 뇌혈류를 활성화시키는 작용을 한다.

▶▶낙천적 성격

우울한 기분으로는 뭐든 잘 외워지지 않는다. 이는 감정 조절에 연관된 변연계가 기억에 중요한 역할을 하기 때문이다. 되도록 낙천적으로 살고 즐거운 마음가짐을 가지는 게 기억력에 좋다. 특히 우울증은 호르몬 결핍과 겹쳐서 기억력이 설상가상으로 나빠질 수 있다.

▶▶메모 습관

인간의 기억력에는 한계가 있기 때문에 끊임없는 메모가 매우 중요하다.
메모는 생각이 날 때 즉각 해야 하고 나중으로 미루면 잊는 경우가 많다.

▶▶마음의 평화

끊임없이 걱정하는 사람은 일반적으로 기억력이 떨어진다. 기억장애 클리닉에 기억력이 좋지 않다며 찾아오는 중년들의 대부분은 걱정과 근심으로 가득 차 있는 사람들이다. 이들은 집중력이 떨어진다. 그러므로 단기기억과 작업 기억 능력이 현저히 저하된다.

***기억력에 좋은 식생활**

특히 한창 자라는 초등학생들이 기억력을 높이려면 많은 단백질이 필요하다.

따라서 매일 달걀 하나와 우유를 먹도록 하고, 일주일에 한번 정도는 고기를 먹는 것이 기억력을 높이는 비결이다.

시험 보는 날 아침에 식사를 하는 것이 좋을까? 거르는 것이 좋을까? 일본 규슈대학의 리 연구팀은 생쥐에게 탄수화물의 일종인 포도당을 투여할 때 학습에 어떤 영향을 미치는지를 조사했다. 그 결과 학습하기 전에 혈당 수치를 높이면 학습 효과가 향상된다는 점이 확인됐다.

'2시간 전 포도당 투여, 학습효과 높여'

흥미로운 점은 포도당을 투여하는 시간에 따

라 효과가 다르게 나타난다는 점이다. 가장 큰 효과를 보인 투여시간은 학습하기 2시간 전이었으며 1, 3, 5시간 전에는 효과가 떨어졌다. 연구팀은 식사가 학습이나 기억에 미치는 효과가 쥐나 사람이나 비슷하게 나타날 것이라고 추측한다.

엽산(비타민 B 복합체의 일종)이나 비타민 E(토코페롤)의 섭취가 부족하면 기억력에 좋지 않다. 엽산은 특히 동물성 음식에 많지만 과도한 동물성 지방은 기억력에 좋지 않다. 이외에도 등 푸른 생선 기름인 오메가 지방산도 기억력에 좋다는 설이 있다.

노인의 경우 식사를 규칙적으로 하는 것이 기억력에 좋다는 연구 결과가 있으며, 보리, 감자가 기억력을 향상시킨다는 보고가 있다. 그러나 채식만 하는 것도 비타민 B12, 엽산의 결핍을 초래하기 쉬워 좋지 않다.

순탄할 때보다 역경에서, 행복한 자보다 불행한 자들 중에서 역사적 사건과 인물이 탄생할 확률이 높다. 위기를 호기로 생각하는 마음을 가져라, 스티브잡스, 헬렌 켈러, 에디슨, 링컨, 베토벤, 정약용과 같이……

## <부록> 꿈을 찾아 떠나는 여행

꿈이라고 하는 것은 희망이고
희망은 길과 같은 것이다.
길은 가야 할 곳을 모르면 방황하지만
일단 가야할 목적지에 이르는 길을 알면
언젠가는 반드시 목적지에 도달 할 수 있다.
끝까지 포기하지 않는다면........

- 저 자 -

## 1. 난, 내가 참 좋아.

스스로를 소중하게 여기는 사람은 다른 사람도 소중하게 여길 수 있답니다. 거울 속의 자신의 얼굴을 그려 보세요. 환하게 웃는 표정도 좋고, 그냥 무표정한 얼굴도 좋아요. 그림을 다 그리고 나면, 제일 아래쪽에 이렇게 써보세요.

**내가 어떤 모습이든, 난 내가 참 좋아!"**

## 2. 나를 알아본다.

🍀 나의 외모와 건강은 친구들과 어떻게 다른지 알맞은 것을 찾아 ○표 해 봅시다.

(1) 나의 키는 우리 반에서
(큰 편이다. 작은 편이다. 중간쯤 된다)
(2) 나의 몸은 우리 반에서
(뚱뚱한 편이다. 홀쭉한 편이다. 중간쯤 된다.)
(3) 나의 힘은 우리 반에서
(센 편이다. 약한 편이다. 중간쯤 된다.)
(4) 나의 건강은 우리 반에서
(건강한 편이다. 약한 편이다. 중간쯤 된다.)

🍀 내가 재미있어 하는 것은 무엇인지 찾아 ○표 하세요.
(1) 재미있는 운동이나 놀이는
① 달리기( ) ② 공놀이( ) ③ 철봉 놀이( )
④ 줄넘기( ) ⑤ 흉내 내기( ) ⑥ 인형 놀이 ( )
⑦ 그네 타기( ) ⑧ 미끄럼 타기( ) ⑨ 그림 맞추기 ( ) ⑩ 장난감 놀이 ( ) ⑪ 그 밖에 좋아하는 놀이
( )

(2) 내가 친구들 보다 잘하는 것을 찾아 ○표 하세요.

① 발표하기 ( ) ② 책읽기 ( ) ③ 셈하기 ( )
④ 글짓기 ( ) ⑤ 바른 글씨 쓰기 ( )
⑥ 만들기 ( ) ⑦ 문제 풀이 ( ) ⑧ 달리기 ( )
⑨ 체조하기( ) ⑩ 춤추기 ( ) ⑪ 공놀이 ( )
⑫ 그림 그리기 ( ) ⑬ 노래 부르기 ( )
⑭ 악기 연주 ( ) ⑮ 씨름 ( )

(3) 내가 제일 자신 있게 잘하는 것은?
( )

나는 친구들과 어떻게 지내는지 알맞는 것을 찾아 ○표 하세요.

(1) 친구들과 사이좋게 지냅니까? (예, 아니오)
(2) 너무 욕심을 부리지 않습니까?
(예, 아니오)
(3) 내가 맡은 일을 잘합니까? (예. 아니오)
(4) 친구들을 잘 도와줍니까? (예, 아니오)

우리는 누구나 일등을 할 수 있습니다. 잠 오래 자기 대회, 밥 많이 먹기 대회, 춤 오래 추기 대회 등 내가 일등을 할 수 있는 대회를 만들어 봅시다.

(1) (        )대회가 있다면 나도 일등 할 수 있어요.

(2) (        )대회가 있다면 나도 일등 할 수 있어요.

(3) (        )대회가 있다면 나도 일등 할 수 있어요.

내가 잘하는 운동에 ○표를 하여 봅시다.

• 달리기 ( ) • 평균대 운동 ( ) • 탁구 ( )
• 후프 돌리기 ( ) • 무용 ( ) • 태권도 ( )
• 줄넘기 ( ) • 철봉운동 ( ) • 씨름 ( )
• 축구 ( ) • 배구 ( ) • 권투 ( )
• 제기차기 ( ) • 야구 ( ) • 널뛰기 ( )
• 맨손체조 ( ) • 수영 ( ) • 농악(소고) ( )
• 멀리뛰기 ( ) • 윗몸 일으키기 ( ) • 그 외 잘하는 것 ( )

위에서 ○표한 것 중에서 가장 자신 있는 운동 3가지를 차례로 써봅시다.
(위에 적은 운동 외에 다른 것이 있으면 그것을 써도 좋습니다.)

(1)

(2)

(3)

### 나의 마음을 알아봅니다.

좋아하는 색 : ______________________

꿈 : ______________________

희망 : ______________________

가장 아끼는 물건 : ______________________

가장 가보고 싶은 곳 : ______________________

좋아하는 운동 : ______________________

취미 : ______________________

듣고 싶은 말 : ______________________

좋아하는 소리 : ______________________

좋아하는 냄새 : ______________________

좋아하는 음식 : ______________________

좋아하는 옷 : ______________________

좋아하는 친구 : ______________________

좋아하는 책 : ______________________

좋아하는 위인 : ______________________

나의 나쁜 습관 : ______________________

나의 단점 : ______________________

나의 가족 : ______________________

가장 행복했던 순간 : ______________________

나는 칭찬할 점이 참 많은 멋진 아이라는 걸 아세요? 내가 좋아하고 잘하는 일을 써 보세요.

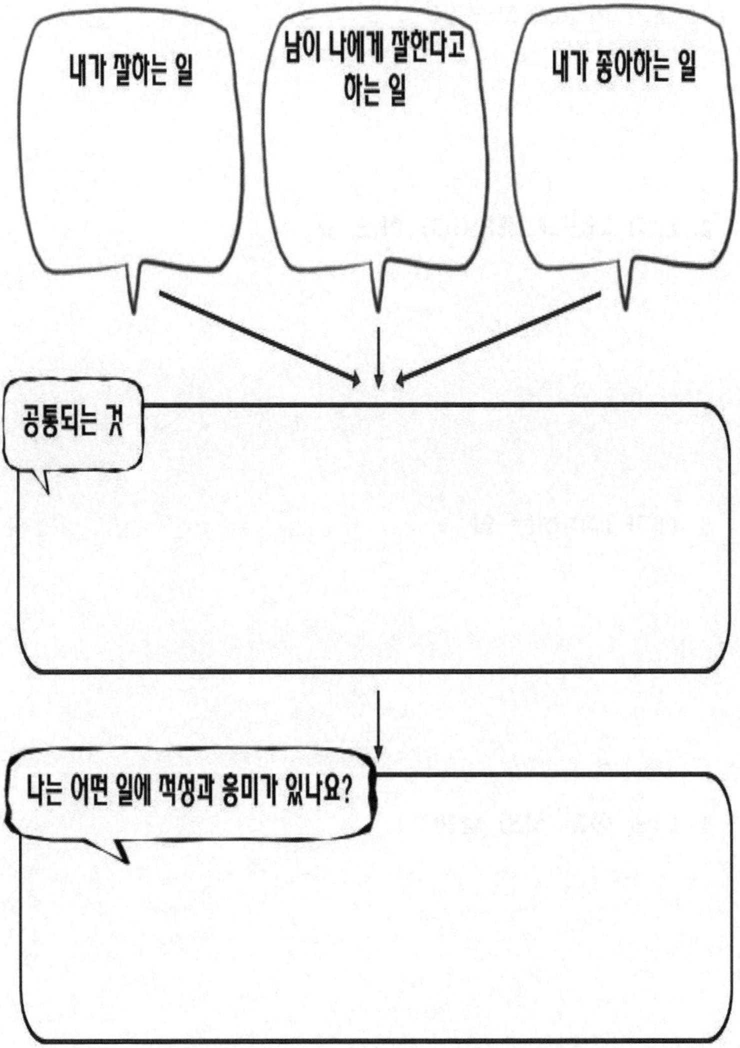

나는 칭찬할 점이 참 많은 멋진 아이라는 걸 아세요? 그러나 내가 싫어하고 잘못하는 일을 써 보세요.

1. 내가 가장 못하는 일

2. 남이 나한테 못한다고 하는 일

3. 내가 싫어하는 일

4. 나의 좋지 못한 습관

지금까지 겪었던 일 중에서 다음 항목에 대해서 성공적으로 해냈다고 생각하는 일을 정리해 봅시다.

| 경 험 | 성공적으로 해낸 일 |
|---|---|
| 공부와 관련된 경험 | |
| 운동과 관련된 경험 | |
| 그림과 관련된 경험 | |
| 노래와 관련된 경험 | |
| 책과 관련된 경험 | |
| 친구들과 관련된 경험 | |
| 악기 연주와 관련된 경험 | |

| 영역 | 흥미 있는 활동 | 매우 좋습니다. 4 | 약간 좋습니다. 3 | 약간 싫습니다. 2 | 매우 싫습니다. 1 | 총점 |
|---|---|---|---|---|---|---|
| 가 | 요리하기 | | | | | |
| | 운동하기 | | | | | |
| | 꽃이나 채소 가꾸기 | | | | | |
| 나 | 표준어와 사투리 비교하기 | | | | | |
| | 과학 실험하기 | | | | | |
| | 수학 공식 원리 곰곰이 생각하기 | | | | | |
| 다 | 학급 게시판 꾸미기 | | | | | |
| | 역할극이나 연극에 참여하기 | | | | | |
| | 글짓기하기 | | | | | |
| 라 | 내가 잘하는 것을 다른 친구에게 가르쳐 주기 | | | | | |
| | 양로원, 고아원에서 봉사 활동하기 | | | | | |
| | 친구의 고민을 듣고 상담해 주기 | | | | | |
| 마 | 친구에게 좋은 정보 알리기 | | | | | |
| | 학급 일에 앞장서기 | | | | | |
| | 친구들의 문제 해결해주기 | | | | | |
| 바 | 수집하기 | | | | | |
| | 용돈 기입장 적기 | | | | | |
| | 스크랩 만들기 | | | | | |

| 영역 | 나의 성향 | 매우 그렇습니다. 4 | 대체로 그렇습니다. 3 | 별로 그렇지 않습니다. 2 | 전혀 그렇지 않습니다. 1 | 총점 |
|---|---|---|---|---|---|---|
| 가 | 나는 현실적인 편입니다. | | | | | |
| | 나는 안정적인 편입니다. | | | | | |
| 나 | 나는 호기심이 많은편입니다. | | | | | |
| | 나는 논리적인 편입니다. | | | | | |
| 다 | 나는 자유분방한 편입니다. | | | | | |
| | 나는 감성이 풍부한 편입니다. | | | | | |
| 라 | 나는 이해심이 많은 편입니다. | | | | | |
| | 나는 다정한 편입니다. | | | | | |
| 마 | 나는 경쟁적인 편입니다. | | | | | |
| | 나는 모험심이 많은 편입니다. | | | | | |
| 바 | 나는 규칙적인 편입니다. | | | | | |
| | 나는 꼼꼼한 편입니다. | | | | | |

<항목별 합계점수가 높을수록 해당 영역에 소질이 있습니다.>

| 영역 | 흥미 있는 활동 | 1 | 2 | 3 | 4 | 계 |
|---|---|---|---|---|---|---|
| 신체·운동 | 1.나는 운동장 다섯 바퀴를 중간에 멈추지 않고 달릴 수 있습니다. | | | | | |
| | 2.나는 선생님이 처음으로 시범 보이는 동작을 잘 따라 할 수 있습니다. | | | | | |
| | 3.나는 피구를 할 때 아주 빠르게 던지는 공을 피할 수 있습니다. | | | | | |
| 공간·시각 | 4.나는 짧은 시간 안에 사물의 특징이 잘 드러나게 그릴 수 있습니다. | | | | | |
| | 5.나는 종이접기나 로봇 조립을 할 때 그림으로 된 설명서를 보고 그릴 수 있습니다. | | | | | |
| | 6.나는 가구나 물건을 옮겨서 보기 좋고 편리하게 배치할 수 있습니다. | | | | | |
| 음악 | 7.나는 처음 듣는 노래도 음의 높낮이와 장단에 맞게 따라 부를 수 있습니다. | | | | | |
| | 8.나는 악기로 간단한 곡을 잘 연주할 수 있습니다. | | | | | |
| | 9.나는 음악에 푹 빠져서 감상할 수 있습니다. | | | | | |
| 언어 | 10.나는 글을 통해서 나의 느낌이나 주장을 잘 표현할 수 있습니다. | | | | | |
| | 11.나는 글을 읽거나 다른 사람의 말을 들을 때 중심 내용을 잘 이해할 수 있습니다 | | | | | |
| | 12.나는 나의 의견이나 기분을 상대방에게 말로 잘 전달할 수 있습니다. | | | | | |
| 수리·논리 | 13.나는 여러 가지 사실들로부터 일반적인 결론을 끌어낼 수 있습니다. | | | | | |
| | 14.나는 수학 문제를 잘 파악하고 다양한 방법으로 답을 구할 수 있습니다. | | | | | |
| | 15.나는 복잡한 계산도 정확하게 할 수 있습니다. | | | | | |
| 자기성찰 | 16.나는 쉽게 화를 내지 않으며 화가 나더라도 잘 누그러뜨릴 수 있습니다. | | | | | |
| | 17.나는 잘못된 일에 대해서 내 책임을 인정하는 편입니다. | | | | | |
| | 18.나는 목표를 세우고 이를 이루는 방법에 대해 계획을 세워 실천할 수 있습니다. | | | | | |
| 대인관계 | 19.나는 친구의 어려운 사정을 들으면 마음이 아픕니다. | | | | | |
| | 20.나는 처음 만나는 사람과도 금방 편하게 이야기할 수 있습니다. | | | | | |
| | 21.나는 한번 사귄 친구와 오랫동안 친구로 지냅니다. | | | | | |

'나의 미래직업 찾기' 는 진로발달에 관련한 다양한 검사를 실시하여 나의 장점과 강점지능을 중심으로 자신의 잠재적 능력이나 성격을 파악하여 나에게 맞는 직업을 찾는 데 도움을 주게 됩니다.

## 나의 다중지능 알아보기

☆ 인터넷 주소창에 http://mitest.wo.to/ 써서 '다중지능으로 알아보는 나의 직업' 으로 들어갑니다.

☆ [회원 가입] 버튼을 눌러 가입하고, [다중지능 검사하기]로 56개의 문제에 대해 솔직하게 답변해봅시다.

### 다중지능 중 나의 강점 지능 순위와 그 지능이 우수한 사람들의 특징은 무엇일까요?

| 순위 | 강점 지능 영역 | 특징 |
|---|---|---|
| 1순위 | | |
| 2순위 | | |
| 3순위 | | |

나의 강점지능 1~3 순위 중 가장 관심 있는 지능 영역 1가지를 선택하세요.

내가 가장 관심 있는 지능 영역 :

다중지능별 직업을 알아보고 다중지능 검사 결과로 나타난 추천된 우수 지능별 직업을 알아보세요. 꿈 소개서를 작성해보고 출력하여 붙여봅시다.

## 나의 적성 알아보기

- 커리어넷(www.careernet.re.kr)

☞ 먼저 회원가입을 합니다.
☞ 미래의 직업정보를 클릭하여 여러 가지 직업에 대해 알아보세요.
☞ 진로상담을 해 보거나 진로교육과 관련된 다양한 영상자료를 보세요.
☞ 진로적성검사를 한 결과나 진로흥미검사 결과지를 붙이세요.

## 한국가이던스 사이트에서는

- 한국가이던스(www.guidance.co.kr)

☞ 회원가입을 하지 않고도 활용할 수 있습니다.
☞ 간단한 무료 e심리검사를 활용해 보세요
☞ 주의력결핍과잉행동장애, 반항성장애진단검사, 학교따돌림자가진단검사, 일반성격검사,
진로지향성검사, 자율성검사, 자아존중감 검사, 인터넷/게임중독, 휴대폰중독 등이 있습니다

## 나의 진로적성검사/직업흥미검사 결과

(커리어넷)

## 3. 꿈을 찾아 떠나는 여행

### ※. 누구에게나 타고난 능력이 있어요.

사람은 저마다 타고난 재능이 있다.
모든 것을 잘하는 사람도 있지만 어떤 한 가지 분야에 특출한 재능을 보이는 사람도 많다.
옛날 속담에 재주 많은 사람치고 잘사는 사람이 없다고 하는데 이는 어떤 특별한 한 분야에 뛰어난 것이 없기 때문이기도 하지만 이것저것 잘한다고 하여 한 가지 분야에 집중해서 특별히 잘하는 것이 없기 때문에 생겨난 말이기도 하다.

그러므로 우리는 우리가 좋아하는 일, 좋아하는 취미 등 자신이 좋아하는 것은 다른 사람보다 더 잘하는 경우가 많은데 이것은 그 분야에 남보다 더 많은 노력과 반복을 한 결과이다.
미국 하버드대학 교육대학원의 교육심리학 교수인 하워드 가드너 박사가 제시한 다중지능이론에 의하면, 모든 아이들은 저마다의 특별한 강점 지능이 있다고 한다. 잘 할 수 있는 것과 좋아하는 활동을 통하여 일상생활에서의 문제를 해결하는 능력을 알게 될 것이다.

| 지능영역 | 정의 |
| --- | --- |
| 언어지능 | - 글을 잘 쓰는 능력<br>- 말이나 단어를 표현하는 능력 |
| 논리-수학지능 | - 숫자를 효과적으로 사용하는 능력<br>- 추론을 잘하는 능력 |
| 공간지능 | - 사물을 그림으로 묘사하는 능력<br>- 길을 찾는 능력 |
| 신체-운동지능 | - 몸으로 느낌을 표현하는 능력<br>- 손을 사용하여 변형시키는 능력 |
| 음악지능 | - 악기를 연주하는 능력<br>- 음악을 이해할 수 있는 능력<br>- 피치, 멜로디, 톤에 대한 민감성 |
| 자연탐구지능 | - 자연현상을 탐구하는 능력.<br>- 물리적 세계의 차이점과 유사점을 잘 인식하는 능력 |
| 대인관계지능 | - 타인의 감정을 잘 아는 능력<br>- 타인을 리드하는 능력<br>- 사람들을 잘 알아보고 구별하는 능력 |
| 개인이해지능 | - 자신을 잘 아는 능력<br>- 자신을 잘 표현하는 능력<br>- 자신의 정서생활에 대한 접근 능력 |

## * 지능에는 어떤 것들이 있나요?

다중지능이란, 즉 사람의 지적 능력을 다양하게 바라보는 시각입니다. 인간은 누구나 언어, 논리-수학, 음악, 공간, 신체-운동, 자기이해, 대인관계, 자연탐구 지능을 갖고 있고, 사람마다 강점지능과 약점지능이 나누어진다고 합니다.

내가 잘 할 수 있는 강점은 무엇일까요?
한번 써 보세요

**언어지능**

글을 잘 쓰는 능력 말이나 단어를 표현하는 능력

**논리-수학 지능**

숫자를 효과적으로 사용하는 능력 / 추론을 잘하는 능력

**공간지능**

사물을 그림으로 묘사하는 능력/ 길을 찾는 능력

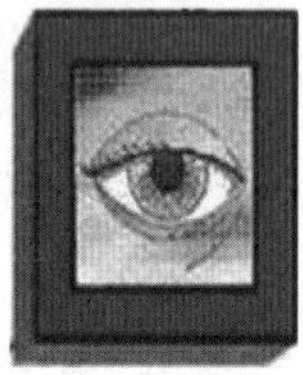

**인간이해지능**

자신을 잘 아는 능력 / 자신을 잘 표현하는 능력

**자기이해**

**신체-운동지능**

몸으로 느낌을 표현하는 능력 / 손을 사용하여 변형시키는 능력

**대인관계지능**

사람들을 잘 알아보고 구별하는 / 감정을 잘 아는 능력

**자연탐구지능**

자연현상을 탐구하는 능력/ 차이점과 비슷한 점을 잘 인식하는 능력

**음악지능**

악기를 연주하는 능력 / 음악을 이해할 수 있는 능력

## 나도 전문가가 될 수 있어요.

만약 박지성 선수가 음악을 했다면, 김연아 선수가 과학을 했다면 지금과 같이 자기 분야에서 성공을 거두었을까요? 내가 좋아하고 잘 할 수 있는 쪽의 문을 열고 들어가기 바랍니다.

### 지능별 관련 직업 자료

| 지능영역 | 지능영역별 적성관련 탐구분야 | 관련직업 | 모델링 |
|---|---|---|---|
| 언어지능 | 연기 관련직, 교육 관련 서비스직, 영업 관련 서비스직, 법률 및 사회활동 관련직, 회계 관련직, 매니지먼트 관련직, 일반 서비스직, 작가 관련직, 언어관련 전문직, 사회 서비스직, 보건의료 관련직 | 언론인/작가/기자/시인/방송인/변호사/정치가/설교자/외교관/성우/번역가/방송PD/아나운서/리포터/시인 | 유재석<br>셰익스피어 |
| 논리-수학지능 | 기술직, 특수 스포츠 관련직, 이공계 교육 관련직, IT관련 공학 전문직, 공학 전문직, 환경관련직, 법률 및 사회활동 전문직, 인문 및 사회과학 전문직, 금융 및 경영 관련직, 회계 관련직, 의료 관련직, | 수학자/통계전문가/컴퓨터 프로그래머/과학자/엔지니어/과학교사/법조인/공인회계사/탐정/의사/수학교사/ | 빌게이츠<br>안철수<br>스티븐<br>호킹 |

| | | | |
|---|---|---|---|
| 공간 지능 | 기술직, 특수 스포츠 관련직, 무용관련직, 기능직, 시각디자인 관련직, 의복 제조 관련직, 고급 운전 관련직, 영상 관련직, 예술기획 관련직, IT관련직 | 예술가/항해사/조각가/디자이너/건축가/설계가/사진사/파일럿/애니메이터/탐험가/외과의사/치과의사/서예가 | 피카소 월트디즈니 |
| 신체-운동 지능 | 농업-어업 관련직, 일반운전 및 정비 관련직, 연기 관련직, 무용 관련직, 운동 및 안전 관련직, 고급 운전 관련직 | 배우/무용가/댄서/운동선수/스포츠 해설가/배우/군인/스포츠에이전트/산악인/경찰/경호원/뮤지컬배우/카레이서/파일럿 | 타이거우즈 박지성 |
| 음악 지능 | 무용 관련직, 악기 관련직, 음악 관련직 | 연주가/음악/ 비평가/작곡가/가수/댄서/음악교사/음반제작자/공연연출가 | 조수미 모짜르트 |
| 자연 탐구 지능 | 환경관련전문직, 이학 및 공학 전문직, 이공계 교육 전문직, 농림어업 관련직, 인문 및 사회과학전문직 | 원예가/수의사/여행자/자연주의자/농부/인류학자/환경운동가/농화학자/조류학자/천문학자/한의사/의사/생물교사/생명공학자/생물학자 | 허준 파브르 윤무부 |
| 대인 관계 지능 | 이미용 관련 서비스직, 교육 관련직, 기획 서비스직, 영업 관련 서비스직, 예술기획 관련직, 법률 및 사회활동 관련직, 금융 및 경영 관련직, 매니지먼트 관련직, 사회서비스직, | 교사/정치지도자/상담자/영업사원/심리치료사/사회학자/카운셀러/외교관/방송PD/개그맨/경찰관/비서/선교사/교육사업가 | 링컨, 처칠, 간디 |

| | | | |
|---|---|---|---|
| 개인 이해 지능 | 이공계 교육 관련직, 법률 및 사회활동 관련직, 운동 및 안전 관련직, 영상 관련직, 인문계 교육 관련직, 사회 서비스직 | 철학자/소설가/정신적지도자/신학자/심리학자/작가/발평가/철학자/정신분석자/성직자/작곡가/기업가/예술가 | 프로이드 성철스님 이상 |

## 한국 가이던스 직업표

| 탐구 분야 | 직업 |
|---|---|
| 경영/마케팅 (논리-수학, 대인관계 지능) | 경영지도자/ 공인회계사/ 증권분석사/ 마케팅리서치/ 텔레마케터/ 전문비서/ 공인노무사/ 세무사/ 직무 분석가/ 컨설턴트/ 인사담당자/ 마케팅책임자/ 호텔지배인/ 경영분석가/ 농장경영자/ 중소기업경영자/ 벤처기업경영자 |
| 신문/방송/영화 (언어, 공간, 음악 지능) | 프로듀서/ 아나운서/ 드라마작가/ 연기자/ 촬영기사/ 영상기사/ 성우/ 조명기사/ 모니터요원/ 모델/ 취재기자/ 편집기자/ 영화감독/ 무대감독/ 무대기술자/ 음향효과기술자/ 연예인관리자/ 영상편집기사/ 공연기획자/ 방송조명사/ 방송촬영기사/ 방송분장사 |

| | |
|---|---|
| 외국어 (언어 지능) | 영상 번역가/ 해외관광기획자/ 통역가/ 동시통역가/ 외교관/ 관광통역안내원/ 번역가/ 국내여행안내원 |
| 스포츠 (신체-운동 지능) | 사회체육지도자/ 기수/ 레크리에이션 강사/ 에어로빅 강사/ 프로운동선수/ 카레이서/ 스턴트맨/ 운동코치/ 운동처방사/ |
| 요리 (공간 지능) | 요리사/ 조리사/ 영양사/ 제과제빵사/ |
| 출판/ 만화 (언어 지능) | 편집인/ 출판기획전문가/ 출판디자이너/ 전자출판요원/ 만화콘티작가/ 만화가/ 애니메이터/ 인쇄업자/ 원고 교정자/ 일러스트레이터 |
| 환경/ 항공 (신체 운동, 자연 탐구 지능) | 항공기조종사/ 항공정비사/ 항공교통관제사/ 운항관리사/ 스튜어디스/ 스튜어드/ 환경운동가/ 환경기사/ 원예종묘기사 / 조경사/ 공원관리감독/ 산림전문가 |
| 컴퓨터 (논리-수학 지능) | 시스템엔지니어/ 정보처리기사/ 캐드,캠 기사/ 정보검색원/ 컴퓨터 강사/ 컴퓨터 오퍼레이터/ 그래픽디자이너/ 컴퓨터프로그래머/ 웹디자이너/ 컴퓨터통신기술자<br>광고/홍보 광고기획자/ 광고PD/ 이벤트전문가/ 광고사진가/ 광고도장기사/ 광고디자이너/ 카피라이터/ 정치광고인/ 옥외홍보물제작자 |

| | |
|---|---|
| 판매/중개업(대인관계지능) | 선물거래중개사/ 외환딜러/ 머천다이저/ 경매사/ 보험세일즈맨/ 판매사/ 자동차딜러/ 공인중개사/ 백화점판매직원/ 영업책임자/ 펀드매니저 |
| 디자인(공간지능) | 제품디자이너/ 패션디자이너/ 디스플레이어/ 코디네이터/ 일러스트레이터/ 인테리어디자이너/ 양복기능사/ 한복기능사/ 자동차디자이너/ 산업디자이너/ 무대디자이너/ 영화세트디자이너 |
| 기술직(논리수학지능) | 반도체기술자/ 기계공학자/ 화공기술자/ 토목기술자/ 통신 · 전기기술자/ 우주공학기술자/ 생명공학기술자 |
| 관리직(언어지능) | 공무원/ 일반기업체사무원/ 대기업관리직/ 중소기업관리직 |

**사회 변화에 따라 과거에는 있었으나 없어진 직업과 그 이유를 조사해 봅시다.**

| 과거에는 있었으나 없어진 직업 | 했던 일 | 직업이 없어진 이유 |
|---|---|---|
| | | |
| | | |
| | | |
| | | |
| | | |

미래사회에는 어떤 직업들이 유망할까요? 어떤 새로운 직업들이 생겨날까요. 미래 사회의 변화모습을 상상하여 보고 유망하거나 새로 생기게 될 직업을 써 봅시다.

| | |
|---|---|
| 유망한 직업과 하는 일 | ★직업 : |
| | ★하는 일 : |
| | ★직업 : |
| | ★하는 일 : |
| | ★직업 : |
| | ★하는 일 : |
| 새로 생기게 될 직업과 하는 일 | ★직업 : |
| | ★하는 일 : |
| | ★직업 : |
| | ★하는 일 : |
| | ★직업 : |
| | ★하는 일 : |

꿈을 이룬 사람의 이야기가 담긴 TV 프로그램, 신문기사, 인터넷 뉴스 등을 통해서 직업을 조사하여 봅시다.

| 제목 | |
|---|---|
| 내용 | |
| 등장 인물과 직업 | |
| 미디어를 통해 관심을 갖게 된 직업 | |

| 제목 | |
|---|---|
| 내용 | |
| 등장인물과 직업 | |
| 미디어를 통해 관심을 갖게 된 직업 | |

꿈을 이룬 사람의 책을 3권 이상 읽고 그 사람들이 꿈을 이루기 위한 노력과 과정을 살펴 봅시다.

| 책 제목 | |
|---|---|
| 내용 | |
| 꿈을 이루기 위해 노력한 것 | |
| 나에게 부족한 것과 그 사람을 닮아야 할 점 | |

| 책 제목 | |
|---|---|
| 내용 | |
| 꿈을 이루기 위해 노력한 것 | |
| 나에게 부족한 것과 그 사람을 닮아야 할 점 | |

| 책 제목 | |
|---|---|
| 내용 | |
| 꿈을 이루기 위해 노력한 것 | |
| 나에게 부족한 것과 그 사람을 닮아야 할 점 | |

**부모님 직업을 탐방하고 기억에 남는 장면을 그리거나 사진을 붙이고 느낀 점을 써봅시다.**

**이웃 중에 자신이 되고 싶은 직업을 가지고 있는 사람이나 관심있는 영역에서 일하는 사람을 방문하여 인터뷰를 하기 위한 계획을 세워 봅시다.**

| 인터뷰 대상자 | |
|---|---|
| 인터뷰 일시 | |
| 인터뷰 장소 | |

**다음 사항에 대해 인터뷰하고 그 결과를 정리해 봅시다.**

| 질문 사항 | 답 변 |
|---|---|
| 어떤 직업을 가지고 있습니까? | |
| 주로 하는 일은 무엇입니까? | |
| 이 직업의 장점은 무엇입니까? | |
| 이 직업의 단점은 무엇입니까? | |
| 이 직업을 얻기 위해 어떤 준비가 필요합니까? | |
| 이 직업은 사회에 어떤 도움을 줍니까? | |

## 4. 무한한 상상력이 꿈을 이루게 한다.

아이들에게 꿈은 숨을 쉬는 일 만큼이나 자연스러운 일이다. 아이들은 TV를 보면서 우주비행사, 축구선수, 야구선수 발레리나나 가수가 되기를 꿈꾼다.

아이들은 온갖 가능성이 넘쳐흐르고, 자신들을 우주의 중심이라 생각하기도 하며, 아무리 거창한 꿈도 마음에서 우러나오는 대로 꿀 수 있기 때문에 아이들에게는 희망만 있을 뿐이다.

사람은 어디에서 태어났든 자신이 남과 다른 특별한 존재이고 싶은 바람을 가지고 있으며, 스스로 남과 다른 특별한 존재라고 믿는다.

아이들은 어른과 달리 아직 세상물정에 어두운 탓에 꿈을 방해하는 어떤 장애물이 있을 거라고 생각하지 않기 때문에 온갖 가능성이 넘쳐흐른다.

아이들의 상상은 무한합니다. 투명인간이 되어 이 세상을 마음대로 돌아다니고, 새처럼 하늘을 날기도 하고, 물고기처럼 물속을 헤엄치기도 합니다.

아이들의 그런 상상을 평생 꿈으로 이루기 위하여 노력한 사람들이 비행기를 만들었고, 잠수함을 만들기도 하였습니다.  사람들은 상상하고, 꿈을 꾸고, 그 꿈을 이루기 위해 노력합니다.

우리는 인간이 상상한대로... 꿈꾸는 대로 그 꿈을 이룩한 세상에서 살고 있습니다.

자, 여러분도 상상의 나래를 펴 보십시오.

마음껏 상상하고 그 상상을 기록하여 보십시오.

그 상상 속에서 여러분은 어쩌면 꿈을 발견할 지도 모릅니다.

그럼 상상의 세계로 출발하여 봅시다.

상상은 머릿속으로 하되 반드시 머릿속에 그림을 그려 보도록 해야 합니다. 생각만 하면 안되고 반드시 그림을 그리거나 글로 써 보십시오.

1. 와 방학이다. 방학에는 무엇을 할까?
2. 방학의 좋은 점은?
3. 방학의 나쁜 점은?
4. 눈사람을 주제로 동시 쓰기
5. 오늘 먹은 음식에 대해 쓰기
6. 산타 할아버지께 받고 싶은 선물은?
7. 내가 산타 할아버지라면 내 친구들에게 무슨 일을 할까?
8. 한해를 마무리하며 가장 기억에 남는 것은?
9. 새해 결심
10. 새해가 되어 꼭 고치고 싶은 버릇은?

11. 오늘 한 일중 가장 기억에 남는 일 쓰기
    (엄마 심부름을 도왔다. 등)
12. 지금 우리 선생님은 무엇을 할까?
13. 선생님에게 편지 쓰기
14. 친구에게 편지 쓰기
15. 훌쩍훌쩍(친구가 보고싶다.)
16. 부모님의 어깨를 주물러 드리고 느낌 적기
17. 겨울잠을 자고 있는 동물한테 편지 쓰기
18. 눈을 주제로 동시 쓰기
19. 하루 중 가장 기억에 남는 일 적기
20. 내가 존경하는 인물
21. 겨울바람을 주제로 동시 쓰기
22. 내일이 만약 개학이면
23. 내가 다른 사람의 마음을 읽을 수 있다면?
24. 내방 정리하고 느낌 적기
25. 미래의 나의 모습 그리고 설명하기
26. 내가 만일 어른이 된다면
27. 방학 숙제를 주제로 동시 쓰기
28. 동물이나 자연과 이야기하기
29. 재미있는 그림 그리기
30. 거실 청소하고 느낌 적기
31. 내가 좋아하는 사람 상상하기
32. 오늘 한 일 중 가장 기억에 남는 일 적기
33. 자신의 이름으로 삼행시 적기

34. 책을 읽고 소감 써 보기
35. 세 가지 소원을 적고 그 소원을 쓴 이유
36. 나만의 비밀을 글로 써 보기
37. 썰매 타기를 주제로 동시 쓰기
38. 착한 일하고 느낌 적기
39. 재미있는 만화 보고 일기 쓰기(톰과 제리)
40. 보고 싶은 위인에게 편지 쓰기
41. 한 학년을 올라가면 가정과 학교에서 어떻게 생활할 것인지 나의 다짐 쓰기
42. 방학과제 점검하고 반성하기
43. 지구가 멸망하기 하루 전이라면 무엇을 할까?
44. 나에게 초능력이 생긴다면
45. 산타할아버지가 나타나 선물 한가지를 고르라고 하면 무엇을 고를까?
46. 투명인간이 된다면
47. 알라딘의 램프가 있다면
48. 엄청나게 미워하는 사람이 생긴다면
49. 방학 때는 습관 중 무엇을 고칠 것인지
50. 친구가 시비를 걸면
51. 강도가 나타난다면
52. 집에 도둑이 들어온다면
53. 내가 만약 신이 된다면
54. 친구가 사귀자고 한다면

55. 누가 보이스 피싱을 하면
56. 누가 협박을 하면
57. 가족 중에 한명이 전쟁터로 끌려 간다면
58. 전쟁이 난다면
59. 외계인이 나타난다면
60. 돈이 무한대로 생긴다면
61. 소원 성취가 되다면
62. 내가 좋아하는 애와 사귄다면
63. 나에게 어떠한 기술이 생긴다면 그것은 무슨 기술일까
64. 나의 꿈에 대하여
65. 내가 영화배우가 된다면
66. 내가 연예인이 된다면
67. 내가 가수가 된다면
68. 내가 개그맨이 된다면
69. 내 장래희망이 성취가 되면
70. 신문일기, 신문의 기사를 읽고 그 기사에 대한 느낌 쓰기
71. 시 쓰기, 오늘 느꼈던 감정을 쓴다
72. 내게 만약 많은 돈이 들어온다면
73. 영화를 보러간 날
74. 빈둥빈둥
75. 열공!
77. 미세먼지

78. 가족이 외식한 날
79. 놀이공원에 간 날
80. 기분 좋은 날
81. 엄마한테 혼난 날
82. 내가 더 어렸을때
83. 피곤한 날
84. 비 오는 날
85. 바람 쐬러간 날
86. 하루종일 공부하기
87. 친구랑 놀기
88. 컴퓨터 게임
98. 등산
90. 용돈 받은 날
91. 돈 주은 날
92. 학원
93. 외갓집 간 날
94. 벌 청소
95. 몸 아픈 날
96. 간식 사러 간 날
97. 엄마 따라 삼만리
98. 늙은 나의 모습
99. 공포 만화, 영화 본 날
100. 나의 생명이 하루밖에 없다면 무엇을 할까?
101. 내가 만약 우리반 선생님이라면

102. 요즘 나의 가장 큰 고민은?
103. 램프의 요정 지니를 만났다. 나의 세가지 소원은?
104. 친구랑 방학 숙제
105. 시내에 놀러 갔었다
106. 도서관
107. 영화 본 날~
108. 방학 마지막 날ㅠㅠ
109. 바다로 동시 쓰기
110. 사과로 동시 쓰기
111. 광복절
112. 나의 미래모습
113. 아이스크림으로 동시 쓰기
114. 통일이 왜 이루어지지 않는지 생각하기
115. 방학때 하고 싶은 일
116. 일기장 삼행시
117. 만약 방학이 없다면?
118. 내가 만약 대통령을 만난다면
119. 내가 광고에 나온다면 어떤 광고를 찍고 싶은가?
120. 부모님이 연애하시던 때 이야기 듣고 두 분의 재미있던 이야기 쓰기
121. 내 방 서랍을 정리하여 물건들이 한 말을 상상해서 쓰기

122. 통일을 꿈꾸며
123. 부모님 어깨와 다리 100번 주물러 드리고 느낌 적어 보기
124. 집안 청소 혼자서 도맡아 한 뒤 느낌 적어 보기
125. 나에게 백만원이 생긴다면
126. 나를 주인공으로 이야기 꾸미기
127. 오늘 신은 양말이나 어제 벗어 놓은 양말 빨기
128. 재미있는 만화 그리기
129. 우리 집 마루를 걸레로 닦기
130. 내가 훌륭한 사람이 되어 하고 싶은 일 적기
131. 만약에 내가 회사를 차린다면 차리고 싶은 회사는?
132. 내가 가장 자신 없는 일 세 가지와 가장 자신 있는 일 세 가지를 적어보자
133. 뉴스를 보고, 그에 대하여 나의 생각을 적어보자
134. 내가 만약 발명을 한다면 어떤 발명을 할까?
135. 지금 내가 고치고 싶은 법이 있다면?
136. 내가 가장 스트레스를 받는 이유 하나와, 가장 기분이 좋아지는 이유 하나

137. 나의 좋은 버릇 세 가지와 나쁜 버른 세 가지. 나쁜 버릇을 고치기 위한 다짐
138. 내가 새로운 대륙이나 행성을 발견 한다면 어떤 대륙/행성일까?
139. 내가 책을 쓰고 싶다면 무슨 소재로 쓸까?
140. 나/내 친구/내 가족 등이 겪었던 재미 있었던 이야기
141. 밥을 굶는 체험 해 보기
142. 내 가방에게 편지 쓰기
143. 우리 학교를 다시 짓는다면?
144. 내가 오늘 시간표를 마음대로 정한다면?
145. 나만의 이야기 만들기
146. 집에 있는 펜들 모아 동그라미 그리고 색깔 이름 적기
147. 우리나라에도 백야현상이 생긴다면?
148. 내가 축구선수라면 골을 넣고 세레머니 는 무엇으로 할까?
149. 축구공이 네모라면 어떤 부작용이 있을까?
150. 전쟁으로 가족이 헤어졌다.
가족을 찾을 수 있는 방법은?
151. 공부는 왜 한다고 생각하나?
152. 신문을 보고 눈에 띄는 기사 적어오기

153. 지금 아프다. 엄마, 아빠의 반응은?
154. 어른이 되어서도 지금과 같이 해야 할 일은?
155. 어려운 수학문제를 만든 사람은 왜 그 문제를 만들었을까?
156. 무인도에서 나오기 싫다. 그 이유는?
157. 콩쥐팥쥐가 옆에 산다.
콩쥐를 어떻게 도와줄 것인가?
158. 거지가 되어보자. 세상이 어떻게 보이는가?
159. 기상캐스터가 되어 오늘의 날씨를 방송하라.
160. 엄마가 되어보자. 마트에 장을 보러 갔다면 무엇을 살 것인가?
161. 나의 건강 이대로 좋을까?
162. 내가 가고 싶은 대학은 어디이며, 이유는 무엇일까?
163. 재미있는 곳에 갔던 일
164. 특별한 일
165. 일기는 왜 쓰는걸까?
166. 지혜로운 이야기
167. 좋은 시
168. 10년후 나의 모습은?
169. 시장 보기

170. 나에게 1000억이 생긴다면
171. 내가 내일 할아버지가 된다면
172. 집에 가족이 다 사라지면
173. 나를 좋아하는 사람이 생긴다면
174. 내가 성형을 한다면
175. 내가 좋아하는 친구
176. 시험 계획
177. 내 이상형
178. 내가 가장 행복했던 순간 베스트 5
179. 이 세상에 꼭 필요한 것과 이유
180. 오늘 지구가 멸망 한다면
181. 영어일기 쓰기
182. 30년 후 내 자식들에게
183. 내가 만약 남자(여자)가 된다면
184. 내가 좋아하는 음식과 그 이유
185. 내가 싫어하는 음식과 그 이유
186. 엄마 도와 드린 일
187. 학원에서 칭찬 받있다.
188. 엄마와 같이 요리를
189. 내가 제일 재미있게 읽은 책
190. 만약에 선생님께서 오늘 나의 생활을 전부 보았으면 뭐라고 하셨을까?
191. 돋보기로 보듯이 아주 자세하고 정확하게 기록하기

192. 나의 오늘 하루를 엄마에게 편지
쓰듯이 써 보기
193. 나만의 걱정이나 고민을 적어보기
194. 책을 읽고 느낀 점이나 줄거리 적기
195. 신기한 일
196. 아는 한자를 이용하여 한자로 일기
써 보기
197. 오늘 겪은 일 중 가장 인상 깊었던 일을
자세하게 써 보기
198. 20년 후 내가 만약 나의 자식이라면 오늘 나의 행동에 대해 어떻게 생각했을까 ?
199. 오늘 내가 선생님께 칭찬 받을 일이
있다면 스스로 선생님이 되어 마음껏
칭찬해보기
200. 나의 가장 친한 친구가 되어 나의 오늘
생활 모습을 보았다면
201. 상상한 내용을 줄거리로 만들어 보기
202. 오늘 있었던 일을 신문 기사로 써보기
203. 스파이 일기 쓰기
– 한 친구의 하루 일과를 관찰하여 일기 쓰기
204. 날씨로 일기 써보기
205. 신문 광고의 장면을 오려 내고
말 주머니에 일기 쓰기
206. 오늘 있었던 일을 정지 장면으로 그리기

207. 만약 아침에 일어나니 내 키가 2m가 되었다면
208. 타임 머신을 타고 가고 싶은 곳은?
209. 내가 세상에서 가장 슬펐을 때
210. 친구가 눈물나게 고마웠을 때
211. 친구들과 사이좋게 지내려면?
212. 교실에서 자리 바꾸기 방법(쿠폰,벌칙)은 이렇게?
213. 내가 받고 싶은 어린이 날 선물은?
214. 내가 동물과 이야기 할 수 있다면?
215. 선생님, 부모님이 미워질 때
216. 우리 반이 다른 반보다 부족한 것은? 잘하는 것은?
217. 20 년 후의 오늘 일기 쓰기
218. 내가 교과서를 새로 정한다면?
219. 시험 없는 나라는 어떨까?
220. 내가 철들었구나 싶을 때는?
221. 우리 반에서 칭찬하고 싶은 사람에 대해 칭찬하는 글쓰기
222. 내 비석에 쓰고 싶은 말 쓰기
223. 만약 전기가 없다면?
224. 이런 어른들은 정말 싫어요.
225. 우리나라를 위해 내가 할 수 있는 일은?
226. 내가 하루 동안 어른이 된다면?

227. 여름이 되면 하고 싶은 일(아이스크림, 수영장 등)
228. 대통령께 편지 쓰기
229. 나의 일상생활을 시로 바꾸어 쓰기
230. 엄마, 아빠를 어머니, 아버지로 고쳐서 부르기
231. 엄마에게 듣는 나의 태몽
232. 우리 집 식물 중 한 가지 자세하게 관찰하기
233. 엄마, 아빠의 심장이 울리는 수 조사하기
234. 엄마, 아빠의 손바닥 본을 뜨고 손 관찰하기
235. 지금 내 귀에 들리는 소리 세가지 이상 적어오기
236. 학교나 학원을 오가는 길에 버려진 쓰레기 줍기
237. 30초 동안 나무 껴안고 대화하기
238. 3분 동안 하늘 바라보기
239. 내가 1박2일 피디라면 어디로 떠날까?
240. 내가 만약 ○○(동물 중 하나)이라면
241. 내가 가장 존경하는 인물과 인터뷰하기
242. 우리 가족을 소개합니다

## 5. 꿈! 너를 만나다.

내가 앞에서 조사하거나 살펴본 위인이나 내가 상상한 그런 직업을 가지고 싶다면 앞으로 그 꿈을 이루기 위하여 노력해야한다.

◎ 꿈을 이룬 사람들의 책을 보거나 우리 주변에 가치 있는 꿈을 설정하고 그것을 실현했거나 또는 실현해 가는 사람들이 있습니다. 그런 사람들 중에서 자신의 꿈과 관련하여 닮고 싶은 인물에 대해 세 명 이상 조사해 봅시다.

| 조사 대상자 | |
|---|---|
| 성공한 꿈 | |
| 자신이 닮고 싶은 것 | |
| 자신이 해야할 노력과 부족한 점 | |

| 조사<br>대상자 | |
| --- | --- |
| 성공한<br>꿈 | |
| 자신이<br>닮고<br>싶은 것 | |
| 자신이<br>해야할<br>노력과<br>부족한<br>점 | |

| 조사 대상자 | |
|---|---|
| 성공한 꿈 | |
| 자신이 닮고 싶은 것 | |
| 자신이 해야할 노력과 부족한 점 | |

여러분이 닮고 싶은 사람은 어떤 사람인가요? 여러 위인 중에 나의 멘토 3명을 찾아보세요.

| 이름 | |
|---|---|
| 훌륭한 점 | |
| 닮고 싶은 점 | |
| 나는 어떤 노력을 해야할까? | |
| 이 사람을 닮은 나의 성장한 모습을 써 보세요 | |

| 이름 | |
|---|---|
| 훌륭한 점 | |
| 닮고 싶은 점 | |
| 나는 어떤 노력을 해야할까? | |
| 이 사람을 닮은 나의 성장한 모습을 써 보세요 | |

| 이름 | |
|---|---|
| 훌륭한 점 | |
| 닮고 싶은 점 | |
| 나는 어떤 노력을 해야할까? | |
| 이 사람을 닮은 나의 성장한 모습을 써 보세요 | |

## 나의 꿈! 그래! 결정했어!

여러분의 꿈은 무엇인가요?

그 꿈을 이루기 위해 어떤 노력을 해야 할까요?

자신의 강점지능검사, 진로검사 결과와 닮고 싶은 위인이나 멘토의 이야기를 통하여 여러분이 결정한 자신의 꿈을 글과 그림으로 표현하고 그것과 관련하여 꿈을 이룰 20년 계획을 세워봅시다.

* 나의 꿈을 글로 써 보세요

나의 꿈을 이룬 내 모습
캐릭터로 그려보세요

(예)한국요리를 세계에 알리는 전통 요리사

*** 나의 꿈을 이룰 계획을 세워 보세요.**

높이 나는 새가 멀리 보고, 크게 생각하는 사람이 크게 되기 때문에 가능한 한 목표를 높게 정하고 나의 꿈을 이룰 계획을 세워보세요.

주간 계획, 월간 계획, 연간 계획, 3년, 5년, 10년, 평생 계획을 세워 보세요. 나의 꿈을 이루기 위하여 해야할 일들과 계획을 한번 상상하고, 글로 써 보세요.

1. 꿈을 이루기 위하여 필요한 공부

2. 꿈을 이루기 위하여 필요한 자격증

3. 꿈을 이루기 위하여 보아야 할 책

4. 꿈을 이루기 위하여 부모님으로부터 배우거나 도움 받아야 할 일과 좋은 습관 만들기

5. 선생님으로부터 배우거나 도움 받아야 할 일

6. 친구들로부터 배우거나 도움 받아야 할 일

7. 매일매일 해야 할 일

8. 일일 계획 세우기

9. 주간 계획 세우기

10. 월간 계획 세우기

11. 일년 계획 세우기

12. 5년 계획 세우기

14. 10년 계획 세우기

15. 20년 계획 세우기

16. 꿈을 이루기 위하여 버려야 할 나쁜 습관

17. 꿈을 이루기 위하여 버려야 할 친구

18. 기타 (꿈을 이루기 위하여 버려야 할 것들)

가장 만나고 싶은 사람은 누구인가요? 갖고 싶은 것은 무엇인가요? 꿈에 날짜를 적어 보세요.
그리고 상상해보세요. 어느새 이루어지는 나의 꿈을 만나게 될 거예요. 상상 한 것을 써 보세요.

어떤 공부를 하고 어떤 집에서 살고 싶은가요? 부자가 되어 어려운 이웃을 도울 계획도 세워 보세요. 꿈에 날짜를 적어보세요. 그리고 상상해보세요. 어느새 이루어지는 나의 꿈을 만나게 될 거예요.

내가 꿈꾸고 상상 한 나의 꿈 성공기를 써 보세요.

# 저자 김춘원 약력

* 군산교육대학 졸업
* 한국방송통신대학졸업
* 인하대학교 교육대학원 석사
* 인천시과학교육연구원 연구사,
* 인천시서부교육청 장학사 역임
* 덕적초중고 교감
* 작전초등학교 교장

. 전 인천서부교육청교실 수업개선 지도위원
. 전 인천교육과학연구원교육연구 지도위원
. 전 인천서부교육청방과후컨설팅 위원
. 전 인천서부교육청학교평가 위원
. 전 인천교원단체연합회현장연구 심사위원
. 전 교총주관 언어개선 심사위원
. 전 대한체육회 학교체육위원회 위원
. 현 인천시교육청 청렴교육 강사

* 현 인천간재울초등학교 교장

· 국무총리상수상(2014. 7. 6)
· 경인봉사대상수상(2013.12.5.)

–저서

· 아동 학부모의 진로인식 조사연구 논문
· 특수교육 장학자료"특수교육경영실무"(공동집필)
· 북부교육사(공동집필)
· 교실수업개선 실천사례,
유아교육자료 등 장학자료 다수(공동집필)
· 인천지역교과서 우리들은 1학년,
사회과탐구4학년 (2005~2007) 기획
· 수업상황별 좋은 수업나눔 컨설팅 심의·검토(공동집필)

# 꿈의 마이더스
# (A Miracle of the Dream)

초판 1쇄 인쇄 2017년 12월 5일
초판 1쇄 발행 2017년 12월 10일

지은이 | 김춘원
펴낸이 | 천승배
펴낸곳 | 도서출판 유한문화사

등 록 | 제 5-31호. 1979. 3. 6.
주 소 | 경기도 고양시 덕양구 지도로124번길 8-35
전 화 | 2668-2055 팩스 | 2668-2565
홈페이지 | www.yuhansa.com

ISBN 978-89-7722-727-9 63370

값 15,000 원